ANGELA MERKEL

Du même auteur

Les Manipulateurs, le pouvoir des lobbys, Denoël, 2002.
« Bruxelles-Washington : la relation transatlantique sur le métier ». Note de la République des Idées, 2005.
L'Amérique à Bruxelles, Le Seuil, 2006. Grand Prix du livre des dirigeants d'entreprise L'Expansion-EAP/ESCP.
Sarkozy à Bruxelles, Le Seuil, 2007.
Euro Psychose. Dans les coulisses du pouvoir européen, Michel Lafon, 2012.

FLORENCE AUTRET

ANGELA MERKEL

Une Allemande (presque) comme les autres

TALLANDIER

SOMMAIRE

Partie 4
PRÉSIDENTE

Partie 5
AUX COMMANDES

Partie 6
L'OPÉRATRICE
OU « MERKIAVEL » À BRUXELLES

Introduction

UNE FEMME DE POUVOIR

Athènes, 9 octobre 2012. Une marée de vingt-cinq mille manifestants a envahi la place Syntagma et les rues adjacentes. La voiture qui transporte la chancelière allemande peine à se frayer un chemin vers le Parlement. Son image est partout : sur les affiches, taguée sur les murs, sur les banderoles, affublée de la petite moustache brune du Führer, en culotte de peau, sur fond de drapeau nazi, avec un brassard noir et rouge au bras. Ce jour-là, elle porte la même veste vert pâle que lors de la défaite de la Grèce 4-2 contre l'Allemagne en juin à l'Euro 2012. Aux députés, elle dit sa compréhension pour les temps difficiles que traverse le pays… et les invite à la persévérance.

Bruxelles, 19 octobre 2012. Salle de presse du Conseil européen après un sommet dominé par la crise espagnole. Elle a opté ce jour-là pour l'autre côté du nuancier : un orange vif souligné d'un col en cuir. Elle vient de passer la nuit dans le mauvais rôle, posant ses conditions au renflouement des banques espagnoles. On lui demande ce qu'elle a pensé de l'accueil que lui ont réservé les Athéniens dix jours plus tôt. Elle répond : j'étais heureuse que ces gens manifestent parce qu'ils étaient libres de le faire, à condition que cela soit sans violence. Les Grecs traversent une période difficile. Ils méritent notre compassion.

Angela Merkel ne dit pas un mot sur les odieuses caricatures. Elle ne lâche rien sur les conditions éreintantes imposées à la Grèce. Au risque de la provocation, elle détourne la question. Les Grecs ont l'essentiel : la liberté. Elle vient de l'autre côté du Mur. Elle a grandi dans l'absence de liberté. Elle a résisté aux sirènes de la Stasi. Elle a persévéré des années dans des recherches vaines. Elle avait trente-cinq ans à la chute du Mur. Rien ne peut ébranler sa foi dans la liberté. La situation des Grecs est dure mais elle l'est en vertu d'une mécanique économique et monétaire dont elle, chancelière allemande, refuse d'endosser la responsabilité. Il faut savoir se battre. C'est son message.

Il lui a fallu vingt ans pour arriver là où elle est aujourd'hui, à la veille d'un troisième mandat de chancelière. Quand la chape de plomb se lève sur la RDA en 1989, et qu'elle entreprend de gravir les échelons du monde politique allemand, elle a essentiellement des handicaps. Femme dans un monde d'hommes. Est-Allemande, là où les « Wessies » (habitants d'Allemagne de l'Ouest) sont maîtres du jeu. Scientifique, là où les juristes dominent.

10

Dans la course d'obstacles qu'a été sa carrière, elle a fait l'épreuve de la solitude du pouvoir. Elle a appris à garder son calme, à faire taire son orgueil. Rien ne trahit chez elle l'impatience. Rien n'exprime le regret ou ne justifie le ressentiment. Ni la RDA et sa duplicité. Ni ses concurrents écartés sans ménagement pendant sa fulgurante ascension du pouvoir. Pour la rage des Grecs et la ruine des Espagnols, elle n'a que de la compréhension, au mieux de la compassion.

***

Sur la façade jaune pâle d'une maison patricienne de Templin, où elle a grandi, dans la plaine monotone du Brandebourg, on peut lire cette maxime attribuée à saint François d'Assise : « Commence par faire le nécessaire, puis fais ce qu'il est possible de faire et tu réaliseras l'impossible sans t'en apercevoir. »

Faire le nécessaire pour se rendre indispensable. Le nécessaire pour être repérée par Helmut Kohl et se retrouver au Bundestag dès décembre 1990. Pour mettre fin à la pénalisation de l'avortement. Pour obliger les exploitants de centrales nucléaires à prendre leurs responsabilités en matière de déchets. Le nécessaire pour faire tourner sa Grande Coalition quand elle devient chancelière en 2005. Pour obtenir de son Parlement qu'il garantisse une partie des dettes de la zone euro. Juste le nécessaire pour s'apercevoir finalement qu'on a réalisé l'impossible.

11

Son ambition déroute, parce qu'elle n'est que l'accomplissement du devoir de perfectionnement tiré de son éducation protestante et d'un intime désir d'agir. Elle n'a pas de grand dessein. Elle travaille à la marge, résolvant les problèmes quand ils se présentent, ne se départant jamais d'une distance ironique avec les événements. Elle gouverne en se plaçant au centre, pas au-dessus.

Toute chancelière qu'elle est, on la voit chuchotant à l'oreille d'un député allemand, au fond de l'hémicycle du Bundestag, avant un vote important. Circulant, un petit papier à la main, d'un chef d'État à l'autre, autour de la table du Conseil européen. Lisant un mathématicien franco-polonais pour comprendre comment est née la crise. Prenant place aux côtés de son époux, au dixième rang d'une salle de concert à Berlin, juste après l'extinction des lumières. Assise devant une bière, tard dans la nuit bruxelloise, amusant ses collaborateurs avec les récits acérés d'une énième réunion de crise. Faisant la queue le lendemain au buffet du petit déjeuner de l'hôtel Amigo pendant que François Hollande avale ses toasts et son café dans sa chambre gardée par deux agents de sécurité. Exultant devant un écran de télévision à la victoire de la *Mannschaft*, l'équipe nationale de football.

La simplicité de sa mise, de son expression, de sa vie confine à l'ennui. Mais en lui donnant l'image d'une Allemande comme les autres, elle lui assure un large soutien populaire.

Sa seule vanité est de démentir en être dépourvue.

Les vices habituellement attachés à l'exercice du pouvoir : le sexe et l'argent, n'ont pas prise sur elle. L'histoire de ses deux mariages a livré tous ses secrets, ou presque. Entre la chancellerie, l'appartement berlinois au bord de la Spree et la modeste *datcha* du Brandebourg, il n'y a de place que pour le travail et une vie privée discrète et sobre, où la presse a cessé de vouloir démasquer la moindre fantaisie.

La force de la chancelière est dans sa méthode. Depuis plus de deux décennies, elle applique à l'art de la politique la méthode scientifique perfectionnée à Adlershof, dans son laboratoire de l'Académie des sciences à Berlin-Est. Elle devait y appliquer au craquage du gaz naturel les enseignements de la physique quantique. Aujourd'hui encore, face à un problème, elle pondère, combine, fait des essais, recule, tente autre chose et finalement pousse doucement le système complexe de l'équation vers une solution. Pour sa plus grande joie. La variété des facteurs économiques et humains qui composent l'exercice politique rend celui-ci plus excitant que la plus pointue des expériences de laboratoire.

Pour opérer, elle descend dans l'arène et s'emploie à briser la cage de verre dans laquelle les courtisans et les conseillers enferment les puissants. À coups de SMS, elle va chercher l'information et les appuis au-delà du premier cercle, se défiant de ses propres alliés. À Berlin, le SMS a été rebaptisé « Short Merkel Service[1] ». Elle recoupe. Elle observe. Elle analyse la position de ceux avec qui elle partage le pouvoir, ennemis comme amis. Elle explique, argumente, cherche à convaincre jusqu'à ce que se dessine un chemin, s'opère le mouvement de curseur qui va faire glisser le système sur la bonne pente.

Dans l'étincelle qui fuse alors du regard bleu acier constellé de rides se lit quelque chose d'insondable, de franc, de joyeux et d'inattendu. Satisfaction d'avoir surmonté un nouvel obstacle ? Ou plaisir procuré par l'exercice du pouvoir ? Les deux à la fois. Si elle n'était qu'un joueur aimant déplacer les pièces sur l'échiquier politique, elle serait devenue impopulaire. Si elle n'était qu'une femme juste et appliquée, elle ne serait pas chancelière. Elle est l'un au risque de l'autre. Chez elle, la vocation de bien faire tempère l'instinct du pouvoir.

Partie 1

GRANDIR EN RDA

1.

DE L'AUTRE CÔTÉ DU MUR

Dans l'immédiat après-guerre, l'Église protestante manque de pasteurs dans la zone d'occupation soviétique. Le jeune vicaire Horst Kasner est volontaire. Berlinois d'origine, venu étudier à Bielefeld et Hambourg où il vit avec sa femme, il est envoyé dans un village de trois cents âmes, à la limite entre les zones d'occupation soviétique et américaine : Quitzow. En 1954, quelques semaines après la naissance de leur fille aînée, Angela, le 17 juillet, les jeunes époux Kasner quittent la ville hanséatique qui a retrouvé sa frénétique activité portuaire, dix ans après les bombardements alliés. Sa femme, Herlind, abandonne son travail de professeur de latin et d'anglais et consent « par amour » à ce départ vers les plaines désolées du Brandebourg, dira plus tard Angela Merkel.

Le Mur n'est pas encore construit mais la division de l'Allemagne est déjà en place. La République fédérale allemande, souveraine depuis le 5 mai 1955, a adhéré le 6 au traité de l'Atlantique Nord. Huit jours plus tard, la République démocratique allemande rejoint le Pacte de Varsovie. La guerre de Corée qui vient de se terminer a scellé en Asie une autre division entre les blocs capitaliste et communiste. Ces prolégomènes à la guerre « froide » ont fait un million de morts moins d'une décennie après la fin de la Deuxième Guerre mondiale. L'Ouest se structure autour de l'Otan, du Conseil de l'Europe et de la Communauté européenne du charbon et de l'acier. La sédimentation des deux camps fait de l'Allemagne une frontière.

Kasner, né Kazmierczak

Le départ de la famille Kasner jette un voile sur l'ascendance d'Angela Merkel, sur l'histoire de ses familles maternelle et paternelle, sur leur vie respective à Hambourg et Berlin pendant la première moitié du XXe siècle. Autant elle évoquera plus tard sa famille maternelle, restée à l'Ouest et avec qui elle entretiendra des relations épistolaires pendant la Guerre froide, autant elle ne dit jamais un mot de celle de son père.

On ne découvrira qu'en 2013 les racines polonaises de la chancelière. Son père, Horst, est né Kazmierczak[1]. Il est le fils de Ludwig, un émigré polonais né à Poznan en 1896, enfant illégitime d'Anna Kazmierczak, qui lui donne son nom et l'élève, et de Ludwig Wojciechowski. Poznan (Posen en allemand) appartient alors à la Prusse. Après la

Première Guerre mondiale, le traité de Versailles la fait polonaise. Le grand-père d'Angela Merkel s'installe à Berlin, où naît Horst en 1926. On ne sait rien des raisons de cette émigration. Pas plus que du début de la vie de Horst.

Il a dix-huit ans en 1944 quand le Reich envoyait sur le front russe des soldats qui n'avaient pas son âge. On ne sait s'il a échappé ou non aux recruteurs de la Wehrmacht. On ignore comment les grands-parents d'Angela ont traversé cette période, s'ils ont fait la guerre, où et dans quelle arme, quel était leur rapport avec le parti national-socialiste.

Au départ de la petite Angela dans l'existence, il y a l'extraordinaire de la décision paternelle consistant à remonter le flot des réfugiés qui quittaient alors les provinces de l'Est pour s'installer en République fédérale. Il y a l'audace de partir en direction de la zone d'occupation soviétique et de le faire dans la pleine conscience de ce qu'un homme d'Église et sa famille risquent d'endurer sous le régime communiste. Et il y a aussi le mystère qui nimbe ce qui a précédé cet exil intérieur, le point d'interrogation suspendu au-dessus de la guerre et des années noires qui l'ont précédée. L'histoire de la petite Angela, commencée en 1954, s'écrit sur une page blanche.

À *contre-courant*

Dans les années 1950, l'émigration vers l'Est est rare. Elle est, pour tout dire, une anomalie. Quand elle met le cap sur Quitzow, la famille Kasner croise la route des très nombreux Allemands qui fuient la RDA pour s'installer en RFA. Ils seront 180 000 pendant cette seule année 1954. Entre 1949 et la construction du Mur en 1961, 2,7 millions.

Dans sa belle *Histoire d'un Allemand de l'Est,* Maxim Leo raconte avec tendresse l'exil, volontaire lui aussi, de ses grands-parents et notamment de sa mère, Anne, née à Düsseldorf en 1947. Il écrit à son sujet : « La seule chose que je n'aie jamais comprise était comment l'idée stupide de passer à l'Est était venue à Anne. Je savais qu'il y avait des gens qui faisaient le trajet vers l'Ouest. Mais je n'avais jamais entendu dire que qui que ce soit effectue de son propre gré le trajet inverse[2]. » La raison est simple : la mère de Leo, tout comme ses parents, est une communiste convaincue qui voulait contribuer à la création d'une société nouvelle.

Rien de tel chez les parents d'Angela Merkel qui n'ont jamais adhéré au parti communiste. La RDA est pour eux une terre de mission. « Nous voulions aller là où nous serions utiles[3] », dira son père pour expliquer son départ vers l'Est. Il avait « toujours » eu l'intention de retourner travailler dans la zone d'occupation soviétique après ses études à l'Ouest, assurera la chancelière en 2005. Et d'ajouter qu'une telle décision n'était « pas si rare[4] ». La politique répressive de Walter Ulbricht, qui restera secrétaire du parti communiste est-allemand (SED) jusqu'en 1971, suscite des vocations dans le clergé catholique, comme chez les protestants, confirme Gerd Langguth[5].

Si elle n'est pas rare parmi l'élite religieuse et intellectuelle, cette décision reste tout de même extraordinaire à l'échelle du pays et surtout risquée. En tant que ministre du culte, son père est considéré comme un ennemi potentiel de la transformation sociale voulue après 1950. « Kasner est venu en 1954 de Hambourg/Allemagne de l'Ouest et est un adversaire de l'État des travailleurs et des paysans[6] », précise son dossier aux archives de la Stasi.

Tout ennemi du régime qu'il est, Horst Kasner est en même temps convaincu de la nécessité de profondes transformations économiques et sociales. Cet esprit acéré est également très critique du système capitaliste. Sa fille raconte qu'il fut « très influencé par la théologie de la libération de l'Amérique latine qui prônait aussi la nationalisation des terres ». À l'adolescence apparaissent entre eux les premières divergences politiques. « Nous nous sommes disputés sur le pourcentage de terres que l'on peut nationaliser afin qu'il reste encore assez de responsabilité individuelle[7] », reconnaît-elle. La conviction de son père (et la sienne puisqu'il s'agissait de mesure et non de principe) n'avait « rien à voir avec le socialisme qui existait vraiment », précise-

t-elle. Le pasteur Kasner, convaincu qu'une alternative au système ouest-allemand était non seulement
possible mais souhaitable, doutait du bien-fondé
d'une réunification. Son opinion sur le régime est-
allemand se forgera petit à petit au fur et à mesure
d'événements comme la construction du Mur en
1961 ou la répression du mouvement réformiste à
Prague en 1968.

Reste qu'en 1954, la situation d'une famille de
pasteurs dans la RDA naissante n'est pas dénuée
de risques. Derrière l'utopie égalitaire, le régime
est-allemand a commencé à montrer sa face
sombre. Le minutieux biographe de la chancelière,
Gerd Langguth, rappelle les événements dramatiques de 1952 et 1953 où le régime semble hésiter
entre tolérance et répression et opte finalement
pour la seconde. À l'époque, « les bavures de
l'État s'accumulent en particulier contre les organisations de jeunesse évangéliques. Des chrétiens
et pas seulement les pasteurs ont été condamnés
à des peines de prison de plusieurs années »,
raconte-t-il. Le régime n'hésite pas à recourir au
renvoi des écoles. Le changement de l'élite sociale
et politique est à ce prix. En 1953, à Pfingsten, une
petite ville au sud de Berlin, quelque 3 000 enfants
chrétiens sont renvoyés des écoles[8]. Pour les
ouvriers aussi, chrétiens ou pas, les événements du
17 juin 1953, où des blindés russes aident le gouvernement est-allemand à venir à bout des
émeutes, la brutalité du régime ne fait plus de
doute.

En tant que pasteur à Quitzow, le père d'Angela a la responsabilité de la paroisse et de son organisation de jeunesse. Horst Kasner et son épouse peuvent légitimement craindre pour la scolarisation d'Angela. Dès leur installation commence une longue lutte pour éviter la mise au ban sans accepter les compromissions, une vie sur le fil du rasoir qui oblige toute la famille à développer des qualités de stratège politique.

Profession du père : « chauffeur » !

L'arbitraire du SED a toutefois ses limites. L'éviction d'un enfant trop brillant peut faire des vagues. Socialement, le savoir et la culture restent des valeurs fortes. Être le ou la meilleur(e) est une défense, à condition que cela ne soit pas perçu comme une provocation bourgeoise. L'excellence doit être discrète, humble. Être excellente mais savoir se taire et, si nécessaire, se faire oublier : c'est la ligne à laquelle va se plier la petite Angela. À lire les témoignages de ses anciens camarades de classe ou professeurs, elle y parvient assez bien. La petite fille est très bonne élève, en mathématiques comme en allemand, et particulièrement douée en langues. Elle quittera l'école en parlant couramment russe et anglais et participera même, adolescente, aux Olympiades de russe à Moscou… où elle fera l'acquisition de son premier album des Beatles !

Avec les autres enfants, elle manifeste générosité et modestie. Le métier de son père pourrait lui nuire dans ses relations avec certains camarades et professeurs. Elle a appris toute jeune à biaiser. Quand on le lui demande, la petite Angela prend l'habitude de mal le prononcer. Elle répond en marmonnant « Fahrer », ce qui veut dire « chauffeur », et non « Pfarrer » (le pasteur). Elle peut ainsi passer inaperçue sans avoir à mentir vraiment.

La vie est dure dans la campagne brandebourgeoise de l'après-guerre. « Mon père devait apprendre à traire les chèvres et ma mère a été initiée par une vieille femme à cuisiner les orties. Les moyens de transport se limitaient à une drôle de mobylette et à un vélo », raconte-t-elle[9]. Ce n'est plus la pénurie de l'après-guerre mais une indigence générale qui ne frappe pas seulement la famille Kasner. En quittant Hambourg, la famille a fait un sacrifice matériel car les traitements des pasteurs sont moins élevés à l'Est qu'à l'Ouest : les 600 marks du salaire paternel ne couvrent pas tous les besoins de la famille. Pour s'habiller, elle dépend des envois de la famille maternelle et du système de solidarité de l'Eglise protestante. Angela se retrouve habillée « comme à l'Ouest ». Ses jeans sont remarqués. En fait de snobisme, ce n'est que le fruit de la nécessité.

L'indigence relative de la famille, qui accueille deux autres enfants en dix ans : Marcus et Irène, n'est pas vécue comme une souffrance, plutôt comme une école de simplicité et d'humilité. C'est un prétexte pour développer chez les enfants un solide sens pratique. « Ma mère m'a appris à surmonter les difficultés de la vie quotidienne et surtout à improviser. Par exemple obtenir huit portions à partir de quatre en ajoutant quelques petits riens pour que chacun ait à manger », expliquera la fille aînée de la famille[10].

Au Waldhof

En 1957, les Kasner déménagent à 150 kilomètres de Quitzow, plein Est, à Templin, 14 000 habitants. Horst y est promu à la tête d'une vénérable institution : le Waldhof, qui est à la fois un séminaire où les pasteurs viennent se former à la prédication et un asile pour handicapés mentaux.

Quand la famille s'installe dans cette ville, située au nord de Berlin dans un pays de forêts et de lacs, Angela n'a que trois ans. C'est là qu'elle va grandir, dans le « joyau de l'Uckermark » qui forme le cœur historique de l'ancienne Prusse.

Son père va y devenir un homme influent de l'Église protestante est-allemande qu'il contribue à créer. Cela lui permettra plus tard de « réparer » les dégâts causés par le premier et dernier acte de rébellion politique de la jeune Angela, à l'occasion d'une manifestation de soutien au Vietminh.

Ce « paysage merveilleux » fut pour la jeune Angela une source de consolation. C'est une des raisons pour lesquelles, dira-t-elle, son enfance « méritait d'être vécue[11] », même en comparaison de celle de ses cousins de l'Ouest qui jouissaient de plus de confort et de liberté et en dépit du « régime doctrinaire » de la RDA.

Plus tard, quand elle embrassera la carrière politique, Angela Merkel cherchera à s'implanter dans la région de son enfance. Sans succès. La présidence de la CDU locale lui échappe. Herlind, sa mère, en revanche, s'y fera élire, à l'occasion d'une élection locale, sur une liste du parti social-démocrate auquel elle a adhéré après la chute du Mur. Élue à partir de 1990 d'une circonscription située sur la côte baltique, elle restera attachée au morne paysage de l'Ucker-mark, région désolée du Brandebourg. Aujourd'hui la chancelière vient s'y ressourcer le week-end en compagnie de son époux. C'est depuis le bureau installé dans leur *datcha* qu'après s'être accordé quelques heures de détente, elle recommence à piloter les affaires de l'Allemagne et de l'Europe depuis son portable par SMS et à coups de brèves conversations téléphoniques, à partir de 16 ou 17 heures le dimanche après-midi, avant de regagner son appartement berlinois au bord de la Spree.

Dans les années 1950, Templin réunit une communauté d'artisans, de commerçants et de paysans fortement christianisée. « Un tiers des enfants allait au catéchisme[12]. » Angela, son frère et sa sœur, sont élevés dans l'idée de leur singularité. « La philosophie de vie des Kasner était : Nous sommes meilleurs que les autres. Nous avons les véritables valeurs, les valeurs chrétiennes[13] », raconte Evelyn Roll. La jeune fille grandit imprégnée de l'idée que

26

cette singularité lui donne des devoirs, mais qu'elle peut aussi s'avérer une source de danger. L'Église et la pratique religieuses sont tolérées dans les limites que leur impose le régime. En dehors du cercle familial, Angela apprend la prudence et la discrétion.

Le Waldhof n'est pas seulement le foyer de la famille, un îlot de sécurité et d'affection. C'est aussi un lieu d'apprentissage social, un contre-modèle de l'école, d'où Angela va tirer de nombreux enseignements. La présence des handicapés mentaux, que le régime s'empresse de confier aux bons soins des institutions chrétiennes, intrigue. Certains camarades de classe refusent de venir jouer à la maison avec Angela parce qu'elle habite « chez les fous ». Elle dira plus tard que cette cohabitation se faisait naturellement. « Les facultés d'un enfant ne dépassent que progressivement celles d'un handicapé adulte », confie-t-elle sobrement au journaliste Hugo Müller-Vogg en 2005. Cette simple remarque est plus empreinte d'humanité que ne l'auraient été quelques phrases générales et théoriques sur la différence, l'empathie et la tolérance. Elle se lie d'amitié avec un des pensionnaires qui aide la famille au jardin et l'initie à ce loisir pratique pour lequel son intellectuel de père marque fort peu de considération.

L'institution voit aussi défiler toute une génération de pasteurs qui viennent y suivre les cours de prédication de Horst. Rainer Eppelman, le militant des droits civiques qui recrutera bien des années plus tard Angela au Renouveau démocratique, était passé à Templin dans les années 1970 après des études de théologie entreprises sur le tard, à l'époque où la fille aînée des Kasner avait déjà quitté la maison. Ce lien indirect facilitera le début de sa carrière.

Au Waldhof, la vie s'écoule tranquillement. La famille est organisée sur un mode traditionnel. Herlind se consacre entièrement au ménage et à sa famille. Chaque matin, elle accompagne à pied ses enfants à l'école (Irène, la dernière, naît en 1964, quand Angela a dix ans et son frère sept). Après sa journée de classe, Angela passe « une à deux heures » à discuter avec sa mère. Elle doit aussi l'aider dans les travaux de la maison et surveiller son frère et sa sœur. Horst est très occupé. Ses responsabilités l'amènent à voyager et les activités du Waldhof lui prennent beaucoup de temps.

Selon Gerd Langguth, le manque de reconnaissance et de chaleur paternelle n'est pas étranger à la carrière de sa fille aînée. Il fait de cette faille une des clés de la personnalité et des accomplissements de la chancelière, la cause de cette insatisfaction sublimée qui la pousse à aller toujours plus loin et à chercher « l'affirmation de soi à travers des performances reconnues par les autres[14] ». Angela Merkel pour sa part n'a jamais prétendu avoir manqué d'amour de la part de ses parents, même si elle reconnaît avoir entretenu une relation plus étroite avec sa mère qu'avec son père.

28

Le pasteur Kasner ne partageait pas les choix politiques de sa fille. On aurait toutefois pu imaginer que le jour où elle devint chancelière, il exprimât une certaine fierté ou qu'il se félicitât. Le 22 novembre 2005 à l'occasion de son élection à la chancellerie, il fait sa première visite au Bundestag. Assis quelque part dans les tribunes aux côtés de Herlind, il assiste au vote et au discours d'investiture de sa fille. Interrogé sur cet événement, il fait cette réponse stupéfiante : « Ce n'est pas quelque chose qui arrive tous les jours. ». Il disparaîtra six ans plus tard.

Des barbelés au fond des bois

Les Kasner sont installés depuis sept ans en RDA quand l'Histoire les rattrape. Dans les premiers jours d'août 1961, la famille traverse tranquillement la belle campagne de Thuringe dans une voiture de location. C'est le retour des vacances. La mère de Herlind, qui vit toujours à Hambourg, tenait à découvrir la Bavière. Ce Land est aux Allemands du Nord ce que la Côte d'Azur est aux Lillois : un paradis méridional et ensoleillé. Entassée avec son frère et sa grand-mère à l'arrière d'une Coccinelle Volkswagen, Angela ignore qu'elle est sur le point de connaître sa première expérience politique. « Sur le chemin du retour, nous nous sommes arrêtés chez ma grand-mère paternelle et mon père lui a dit qu'il allait se passer quelque chose, qu'il le sentait car, dans les forêts, il y avait partout des barbelés »,

raconte-t-elle. La famille regagne Templin le vendredi. Dans la nuit du samedi au dimanche, l'érec-
tion du Mur entre les deux zones Est et Ouest de
Berlin commence, en même temps que la consolida-
tion de la frontière entre les deux États. Le but est
de stopper l'hémorragie qui est train de vider l'Est
d'une part significative de sa population, particulièrement depuis la répression de 1953[15]. C'est une
amère rentrée. « Mon père officiait ce dimanche ;
l'atmosphère était terrible. Je ne pourrai jamais
l'oublier. Les gens pleuraient, ma mère aussi. Tout
le monde était bouleversé[16]. » Mais de fuir, il n'est
pas question. Horst Kasner s'est activement engagé
en faveur de la partition de l'Église protestante, ce
n'est pas pour rebrousser chemin maintenant.

2.

PREMIÈRES AMBITIONS

En septembre 1961, quand le Mur est érigé, Angela a sept ans. Elle entre en primaire. L'école Goethe de Templin n'a pas encore été rebaptisée « Hermann Matern », en souvenir de ce politicien social-démocrate, devenu résistant antinazi puis membre du parti communiste est-allemand, qui mourra en 1971. C'est une enfant visiblement douée pour apprendre. Son excellence scolaire va de pair avec une maladresse tout aussi extraordinaire qui confine, pour tout dire, à l'infirmité. Elle se qualifiera elle-même de « petite idiote du mouvement ». Gerd Langguth raconte comment, à l'âge de trois ans, de retour d'un séjour de dix semaines chez sa grand-mère de Hambourg, elle demande à sa mère, dans le parfait dialecte hambourgeois qu'elle vient d'assimiler avec la plus grande facilité, de l'aider à... descendre l'escalier. Marcher sur un terrain en pente, emprunter un escalier restera pendant des années une source d'embarras. Cela ne posait pas vraiment de problème en famille où la performance sportive n'était pas vraiment une valeur suprême. Mais à l'école, il en allait tout autrement. L'État est-allemand avait fait sienne la maxime *mens sane in corpore sano*. Il exigeait, en matière sportive, de réelles performances de ses futures élites. La gaucherie d'Angela aurait pu lui coûter très cher. « Même à l'université, on ne pouvait pas obtenir son diplôme si on ne courait pas le 100 mètres dans un temps imparti[1] », racontera-t-elle. Elle arrivera finalement, à force d'entraînement, à passer sous la barre des 16 secondes. Eût-elle échoué aux épreuves sportives, elle n'eût pas poursuivi d'études supérieures et n'aurait peut-être pas embrassé une carrière politique.

En être ou ne pas en être

L'occasion d'affirmer ses choix face à ses parents ne tarde pas à se présenter. Dans le cercle familial, la question s'est déjà posée de participer – ou non – à la Freie Deutsche Jugend (FDJ), l'organisation de jeunesse communiste qui concurrence les organisations traditionnellement pilotées par les Églises et fait office, selon la terminologie alors en vogue, de « réserve de combat du parti »[2]. En être ou ne pas en être est une forme de « statement » politique, fût-il implicite. C'est une antichambre du parti et un lieu d'endoctrinement où les parents Kasner n'ont guère envie de voir évoluer leurs enfants. Dans un premier temps, la toute jeune Angela est donc vigoureusement dissuadée d'y participer. Mais après la première année d'école, les choses se présentent différemment. La discussion doit être rouverte. La petite fille a beau être première de la classe, elle se voit dénier les récompenses qu'elle estime mériter. Et cela lui pèse. L'injustice est si flagrante que le « premier de la classe en titre » interroge lui-même la maîtresse alors qu'il vient de recevoir son prix. « Et Angela ? » La maîtresse lui répond : « Mais tu es le meilleur pionnier. » Tout est dit. Les collections de « 1 », la meilleure note, n'y suffiront jamais. Pour être reconnu, il ne faut pas juste être un bon élève mais aussi un pionnier exemplaire. Ses parents laissent le choix à Angela. Elle décide d'y aller, en partie pour ne pas être brimée, en partie aussi parce qu'elle est friande d'activités de groupe. Et ses parents ne s'y opposent pas. Elle pourra dès lors porter la blouse bleue des FDJ. Elle y restera active jusqu'à la chute du Mur, y compris pendant ses années à l'Académie des sciences à Berlin, mais sans jamais devenir membre du parti. Un pied dehors, un pied dedans. L'art du compromis sans la compromission. Le choix du pragmatisme, plutôt que de l'opposition.

En tête de tableau

Pendant sa scolarité, elle caracole en tête de tableau. De toutes les matières, la physique, pour laquelle elle optera à l'université, n'était pas sa préférée. C'est même la seule matière où elle a jamais eu « un 5 »[3], dit-elle. Son choix d'une science dure répond à son souhait d'échapper autant que possible à l'endoctrinement marxiste-léniniste, plus présent dans les sciences sociales et les matières littéraires.

Ses bêtes noires sont le sport et la musique. « Chanter, cela allait encore à peu près, mais sinon c'était très triste », reconnaîtra-t-elle dans une des rares émissions de télévision où elle consent à remuer ses souvenirs[4]. C'est une cérébrale, non dépourvue de sensibilité, mélomane, pas musicienne.

Elle aime le côté « musical et un peu mélancolique » du russe qu'elle perfectionne en allant discuter, après les cours, avec les soldats russes qui stationnaient dans le secteur. C'est en parlant avec eux qu'elle a pris conscience, dira-t-elle, du fait que la partition de l'Allemagne n'était pas quelque chose de naturel et qu'elle cesserait un jour. Un discours sensiblement différent de celui qui prévalait à la maison et à l'école.

À l'école, elle fréquente le club des jeunes mathématiciens. Brillante et rapide, elle est sélectionnée en 1969 pour participer aux « Olympiades » de la RDA. L'année suivante, à seize ans, elle concourt à nouveau en russe.

Angela n'a pas seulement des facilités. Elle force ses dons par un travail acharné. Ses enseignants parlent d'une élève exceptionnellement travailleuse, comme on n'en croise que quelques-uns au cours d'une carrière.

Les règles du jeu sont redoutables pour qui veut faire des études supérieures. Seul un élève sur dix environ peut aller à l'université, les autres devront apprendre un métier à partir de seize ans. Comme fille de pasteur, elle ne figure pas *a priori* parmi les favoris. Mais elle a mis des chances de son côté en devenant membre de la FDJ et son père n'est pas n'importe qui. Après plus de quinze ans en RDA, dont plus de dix à la tête du Waldhof, il appartient à cette partie de l'élite protestante qui est un interlocuteur du régime, à défaut d'en être un défenseur. Angela échappe à la stigmatisation quoiqu'elle appartienne à la bourgeoisie cultivée.

La sélection de ceux qui pourront passer le baccalauréat commence au cours de la huitième année de l'école élémentaire, à quatorze ans. Elle se termine à la fin de la suivante. Les « élus » pourront finir leur scolarité dans l'EOS (Erweiterte Oberschule), une sorte de sas vers l'université correspondant aux deux dernières années du lycée. « Dans la plupart des cas, seuls les deux meilleurs de chaque classe étaient autorisés à fréquenter l'Erweiterte Oberschule[5] », raconte Maxim Leo. Angela veut passer par le chas de l'aiguille. Elle se prépare en conséquence dans la petite chambre où elle s'est installée depuis sa treizième année quand, sa sœur Irène grandissant, l'appartement familial était devenu trop exigu. Au mur, elle a accroché une reproduction de Cézanne, l'un de ces trésors sortis des paquets reçus de Hambourg auxquels « tout notre espoir était suspendu », dira-t-elle.

Horst versus *Angela*

En famille, on parle beaucoup politique. « Nous ne pouvions rien changer. Il était simplement important d'y réfléchir », expliquera-t-elle plus tard. La discussion est ouverte et récurrente. Elle a lieu à la maison, en toute liberté, quitte, parfois, à « décrocher le téléphone » pour éviter les écoutes. Une précaution, dont elle dira ne jamais avoir compris la raison technique. Apparemment la famille n'a pas été mise sur écoute, ce qui est un signe supplémentaire de la marge de liberté dont le pasteur Kasner a pu faire profiter son foyer et l'institution qu'il dirigeait.

Toutefois, « il y avait des sujets dont on préférait ne parler qu'en forêt, par exemple lorsqu'un ami se trouvait dans une situation particulièrement difficile ou lorsqu'il s'agissait de projets de fuite[6] », précise-t-elle.

Angela se forge sa propre opinion en regardant, en famille, les émissions de la ZDF, la chaîne publique ouest-allemande. Elle prend alors conscience qu'il entre, de chaque côté, à l'Ouest comme à l'Est, une part d'intoxication dans les programmes. Elle s'intéresse aussi très tôt et « beaucoup » aux « aspects économiques ». Rapidement, elle considère que ces derniers condamnent son pays à sombrer ou à se transformer. Rapidement, elle se trouve en décalage puis franchement en désaccord avec son père sur l'avenir de la RDA. « Si controverse il y avait, celle-ci résidait dans le fait que j'ai très tôt pensé que la RDA ne pouvait pas fonctionner. Mes parents critiquaient aussi la RDA, mais ils n'étaient pas aussi certains qu'elle ne puisse pas durer[7]. »

Après son arrivée au Waldhof, Horst Kasner avait pris le parti d'être « un bon citoyen est-allemand », selon les mots de Gerd Langguth qui a tenté, sans totalement y parvenir, d'éclaircir la nature précise de ses liens avec le régime est-allemand. Un point qui reste par exemple obscur concerne la faculté de voyager dont il disposait. Le droit de sortir de RDA et d'aller à l'Ouest était véritablement un privilège.

La partition de l'Allemagne entraîne un débat au sein de l'Église sur l'opportunité de créer deux structures distinctes : à l'Est et à l'Ouest. Les protestants optent pour la partition. Les catholiques restent unitaires. Le pasteur défend la partition, qui avait la préférence du régime, et participe activement au *Weissnseer Arbeitskreis*, le groupe de travail créé par le parti communiste pour jeter les bases des relations entre l'Etat et l'Eglise.

Pourtant, il se refusera toujours à participer à l'appareil de surveillance systématique qui va asphyxier progressivement la société. Esprit libre et idéaliste, il croyait dans la possibilité de transformer de l'intérieur le régime pour le rendre plus respectueux des valeurs chrétiennes qu'il plaçait au-dessus de tout le reste. La possibilité de préférer la République fédérale et de retourner y vivre, autrement dit de défaire le choix de 1954, n'était simplement pas même envisagée.

Angela considère au contraire très tôt que le passage à l'Ouest doit rester une possibilité pour surmonter l'épreuve des privations de liberté. « Il était évident que je pouvais aller à l'Ouest si cela devenait nécessaire », dira-t-elle. Malgré les risques qu'elle comportait, l'idée de la fuite était une condition pour tenir, particulièrement pendant la décennie passée à l'Académie des sciences, à Berlin. Mais ce n'était pas un projet. De nombreux scientifiques est-allemands saisiront l'opportunité d'un colloque ou d'une invitation dans une université de l'Ouest pour s'exiler. Pas elle.

Après la chute du Mur, le pasteur Kasner n'est pas du tout convaincu du bien-fondé de la réunification et penche plutôt du côté de ceux qui voudraient maintenir une alternative à l'Ouest. En 1992, alors que sa fille siège au Bundestag depuis deux ans et au gouvernement de Helmut Kohl à Bonn, il livre cette critique sévère de la République fédérale : « Nous remarquons comment les partis établis ont fait de l'Etat une proie, et comment l'État est devenu le supermarché des politiciens. Dans la confortable démocratie proportionnelle, la coterie a été érigée en système. On se distribue mutuellement des avantages[8]. »

Retour de Prague

En 1968, la famille fait l'expérience presque *in situ* de la difficulté à transformer de l'intérieur les Etats communistes est-européens. Angela a quatorze ans et accompagne ses parents, son frère et sa sœur en vacances dans les montagnes de Bohême, à la frontière polonaise. Ils logent chez des paysans à qui ils ont loué une partie de leur ferme. Dans la capitale tchèque, à 150 kilomètres de là à vol d'oiseau, le « printemps de Prague » n'a pas encore fait long feu. Dans le monde entier, on parle des réformes entreprises par Alexander Dubček, le nouveau leader du parti communiste tchèque. La curiosité de Horst et Herlind est piquée. Ils confient les enfants à leurs hôtes et descendent à Prague pour voir de leurs propres yeux à quoi ressemble cette révolution douce.

Sur la route du retour vers Templin, la famille s'arrête chez la grand-mère paternelle, comme toujours. C'est dans sa cuisine, à Berlin Pankow, à l'heure du petit déjeuner qu'Angela apprend l'entrée des chars russes dans Prague. Ce que l'on appellera plus tard le « printemps de Prague » n'a pas passé l'été. « C'était vraiment terrible », dira-t-elle. Cette expérience distille chez Horst, l'idéaliste, un peu du scepticisme de sa fille. « Il était bien sûr opposé à l'invasion de la Tchécoslovaquie. À partir de ce moment, il comprit peu à peu que la RDA n'avait pas d'avenir[9]. »

La rentrée scolaire approche. Angela, pour sa part, entend faire des événements en Tchécoslovaquie le sujet du traditionnel récit des vacances. Elle imagine de commencer son propos en racontant comment, quelques jours à peine avant l'entrée des chars soviétiques, elle avait vu le garçon chez qui elle habitait arracher les timbres représentant Antonin Novotny (le prédécesseur de Dubček) des enveloppes, au motif qu'il méritait d'être jeté aux « Enfers » et que Dubček était le nouveau « héros ». Le jour venu, devant sa classe, elle se lance et transporte ses camarades dans les montagnes de Bohême par son récit. Mais devant la mine effarée de son professeur, elle doit rapidement pousser son histoire vers une conclusion insignifiante. Le sujet est clairement inopportun, surtout présenté sous ce jour.

La version officielle, diffusée dans les journaux est-allemands, rapporte que l'intervention russe avait été rendue nécessaire par une supposée agression préalable des Américains, laquelle fait l'objet d'une dépêche bidon intitulée « Des blindés américains à Prague », diffusée le 8 mai 1968[10] et passée inaperçue jusqu'à l'invasion du mois d'août. À quatorze ans, Angela fait ainsi une nouvelle expérience de l'utilité et de la nécessité de se taire ou de savoir à l'occasion laisser un propos s'échouer dans le silence, l'air de rien. La tentation de la subversion ne la lâche pas pour autant.

Quelques années plus tard, elle aurait pu lui coûter sa place à l'université. Elle a dix-huit ans. La fin de l'année approche. Les places à l'université ont déjà été attribuées. Les élèves de la classe 12b sont d'humeur joueuse. D'où leur agacement quand un de leurs professeurs leur demande de préparer une « heure culturelle » en soutien au Vietminh, le Front de libération du Vietnam Sud. Dans un premier temps, les élèves de la classe refusent de participer à cette « compétition culturelle ». Ils finissent par se résigner sous la pression de la direction. Mais ils vont y mettre une telle dose d'ironie que l'écho de leur « performance » remonte jusqu'au comité central du parti.

Pour commencer, au lieu d'organiser une collecte pour le Vietminh, ils lui préfèrent le Frelimo, un autre mouvement de libération marxiste… mais au Mozambique. Ensuite, ils récitent une poésie de Christian Morgenstern, un satiriste et poète de la fin du XIXe siècle classé dans la catégorie des auteurs bourgeois. Pour finir, ils entonnent *L'Internationale*… en anglais ! Scandale au lycée Hermann Matern. La Stasi ouvre une enquête pour savoir qui sont les meneurs de cette « provocation ». Les parents sont convoqués. Mais les élèves, comme les parents, se montrent solidaires et évitent que la faute ne retombe sur aucun d'eux en particulier et particulièrement pas sur la meneuse-fille-de-pasteur-qui-s'habille-avec-des-jeans-de-l'Ouest. Ce « courage civique », comme le nommera Horst Kasner, ne suffit pas à écarter le danger. Le pasteur remue ciel et terre pour éviter l'irréparable – l'exclusion de sa fille de l'université – et fait intervenir l'évêque Albrecht Schönherr auprès du comité central du parti. Il fait signer une pétition à l'attention des autorités locales et dépêche Angela à Berlin pour la porter à qui de droit. Le verdict tombe le 8 mai, moins de trois semaines après les faits : cet écart de comportement ne figurera pas sur le bulletin. Il sera donc sans conséquence sur la suite des études[11]. D'autres ont payé plus cher des provocations moins flagrantes. L'entregent du pasteur a sauvé la carrière de sa fille.

« Éviter le chaos »

Quelle jeune femme est la future chancelière au moment de quitter le cocon du Waldhof pour aller étudier la physique à Leipzig ? Ses congénères de Templin dressent le portrait d'une camarade pleine d'allant, ne se départant néanmoins jamais d'une certaine réserve. La fille du pasteur appartient au « CDU » (Club Der Ungeküssten[12]), c'est-à-dire le club de celles qui n'ont pas été embrassées. « J'ai eu quelques amourettes à l'école, plutôt platoniques. À l'époque, on n'allait pas aussi vite que maintenant. De toute manière, je n'étais pas précoce dans ce domaine[13] », dira-t-elle plus tard. Elle cultive son jardin secret, collectionne les reproductions de tableaux célèbres du XXᵉ siècle (elle cite Paul Klee) que sa tante lui envoie de Hambourg. Elle s'active au sein de la FDJ, participe aux sorties. Elle n'est pas seulement très sociable, c'est une « meneuse ».

La fille du pasteur dispose déjà à l'époque d'une réelle capacité à convaincre. Quelle meilleure école, il est vrai, pour développer ses capacités oratoires

42

que les longues et parfois âpres discussions avec le professeur de prédication Horst Kasner ? « J'aimais beaucoup apprendre, un peu moins rendre des travaux. Ça me suit toujours : parler me convient mieux qu'écrire[14]. »

Elle aime parler. Elle aime aussi faire. « Quand il fallait organiser quelque chose, je m'en chargeais. J'aidais les autres à faire leurs devoirs. C'est peut-être lié au fait que j'anticipais toujours. Par exemple, je réfléchissais deux mois avant Noël aux cadeaux qui me seraient utiles. Je voulais tout prévoir. Le plus important pour moi était de structurer ma vie et d'éviter le chaos[15] », racontera-t-elle.

Dans une société rongée par l'emprise de la sécurité d'État, elle peut, grâce à l'îlot de sécurité matérielle, morale et affective du Waldhof, développer sa conscience morale et politique. La famille n'était pas déchirée par le doute sur la loyauté et la sincérité de ses membres, comme le seront beaucoup d'autres. Les désaccords étaient librement discutés plutôt qu'enfouis.

À 19 ans, Angela Kasner a accumulé un capital de confiance en elle et dans la vie dans lequel elle pourra puiser pour continuer son chemin, tenter ses expériences et trouver le courage de se mettre en difficulté quand cela sera nécessaire. C'est une jeune femme étonnamment forte ayant déjà évité des écueils et testé sa volonté, qui quitte en 1973 la région de l'Uckermark pour s'installer quelque 300 kilomètres plus au sud, à Leipzig.

Partie 2

LA FILLE DE L'EST

1.

L'ÉTUDIANTE MODÈLE

À dix-neuf ans, quand elle quitte la maison familiale de Templin, ses préoccupations ne sont pas
politiques mais personnelles.

Angela Kasner veut échapper à la province. Elle
veut vivre enfin dans « la grande ville ». Il suffit
d'avoir parcouru quelques heures la campagne du
Brandebourg pour le comprendre : il y règne un
ennui mortel. Elle ne sait pas jusqu'où elle pourra
aller mais elle veut faire quelque chose de sa vie. La
RDA est alors semblable à un pays plongé dans le
brouillard de l'arbitraire et dont il n'existe pas de
carte. Qu'importe. Elle suit le chemin de crête, faisant un pas après l'autre, avec la ferme intention de
se hisser aux niveaux d'ambition et d'indépendance
les plus élevés possible.

Berlin aurait été une possibilité. Mais la capitale
est trop proche de Templin à son goût. Elle se serait
sentie obligée de retourner souvent chez ses parents,
ce qui heurtait son désir d'indépendance. À Leipzig
de surcroît, le rideau de fer est moins omniprésent

que dans la capitale, où elle souffrira par la suite de se heurter partout au Mur. « Je me sentais encerclée[1] », dira-t-elle. À près de 300 kilomètres au sud-ouest de Templin, Leipzig fournit le cadre idéal de son émancipation affective et intellectuelle. C'est à l'époque le plus grand centre universitaire du pays, ouvert au reste de l'Europe de l'Est, brassant des étudiants et des enseignants de tous horizons. Avec aussi une large communauté d'artistes et d'intellectuels.

Un défi intellectuel

La renommée de l'université, fondée en 1409 et fraîchement rebaptisée Karl-Marx, dépasse les frontières. La faculté de physique compte deux prix Nobel (Werner Heisenberg, un des fondateurs de la mécanique quantique et Gustav Hertz). Leipzig n'est pas seulement un changement d'air. C'est aussi un « défi » intellectuel. À dix-neuf ans, la jeune provinciale ambitieuse accède à ce qu'il y a de meilleur dans le pays. Elle va trouver à Leipzig de quoi rassasier son appétit d'apprendre et de voir le monde.

« Je voulais une profession séculaire », expliquera-t-elle. Hors de question de s'inscrire dans la lignée paternelle, comme c'était fréquent chez les pasteurs. La physique n'est pas sa matière préférée mais c'est celle dans laquelle elle peut avoir une « recommandation ». Cela « a été déterminant dans le choix de mes études », dira-t-elle plus tard. Aucun biographe n'a percé le mystère de cette « recommandation ». On ne sait pas qui la lui a accordée. Mais cela confirme que la fille aînée du pasteur Kasner a pu compter sur de « bonnes fées » soit en vertu de ses performances scolaires, soit grâce à l'appui de son père. Vraisemblablement les deux.

Enfin, les aspects proprement théoriques de la physique l'intéressent. « Je voulais comprendre la théorie de la relativité d'Einstein, savoir ce que pensaient les gens qui, autour de Robert Oppenheimer, ont construit la bombe atomique[2] », dira-t-elle plus tard.

À l'université, le rythme de travail est intense. « Les deux premières années furent très dures. Mais je m'en suis bien sortie par la suite[3] », dira-t-elle. L'enseignement des sciences physiques était à l'époque plus exigeant à l'Est qu'à l'Ouest, selon Gerd Langguth. Angela fait des mathématiques à haute dose, découvre la physique quantique qui excitait sa curiosité quand elle préparait le bac et vérifie qu'elle est plus douée pour la théorie que pour la pratique. « La physique expérimentale n'était pas mon fort. J'avais des difficultés en soudure. Et mes schémas de montage ne fonctionnaient pas en pratique[4] », dira-t-elle avec un sens certain de l'autodérision.

L'essentiel pour Angela Kasner est de s'élever. Par ailleurs, les sciences dures présentent sur ses matières de prédilection, les langues, l'intérêt d'être moins perméables à la doctrine marxiste-léniniste qui imprégnait alors l'enseignement. Également pour échapper à cette politisation de l'enseignement, Angela Merkel s'abstient d'embrasser une carrière d'enseignante, ce qu'elle aurait « certainement » fait si elle avait grandi à l'Ouest, dira-t-elle. À l'Est, « j'aurais dû agir comme les autres enseignants et, par exemple, demander aux élèves lesquels parmi eux allaient au catéchisme. Cela ne m'aurait pas plu[5] ». Elle n'imaginait pas qu'elle pût se soustraire à ce rôle de contrôle. Pour éviter d'avoir à s'y plier, elle préférait renoncer à sa vocation première. Tel le roseau qui ploie mais ne rompt pas. À la fois intègre et pragmatique.

Réaliste aussi. Elle sait que le rayonnement de la recherche scientifique sert la réputation du régime. « Je devais me rendre à l'évidence que plus je travaillais, plus le système se stabilisait[6] », reconnaîtra-t-elle. C'est un dilemme avec lequel elle doit vivre.

La reine du Kirsch-Whisky à trente pfennig

Pour Angela Kasner, les études à Leipzig sont des années d'apprentissage classiques, comme en connaissent tous les étudiants. « Des années d'insouciance », dira-t-elle. Angela est à la fois studieuse et fêtarde. Elle connaît son premier amour, dont on ne connaît pas le nom, et passe des nuits à parler, fumer, chanter et boire dans les bars improvisés de la cité étudiante. Une amie de la faculté de chimie fournit l'équipe en alcool de laboratoire. Un autre apporte sa guitare[7].

Angela est à la fois sociable et sévère, raconte Ralf Der, qui l'a connue à l'université. « Tout ce que nous faisions l'a intéressée et fascinée. Mais elle était trop intègre pour se laisser éblouir. Elle avait beaucoup d'énergie pour les choses qui sont vraiment importantes : ce que l'on doit penser, où il faut être, ce qu'il faut lire. Elle avait, à côté de ce que nous faisions tous, une vie intérieure propre très forte. Et à travers cette vie intérieure, elle dégageait un grand rayonnement sur nous », dit-il à la journaliste Evelyn Roll[8], auteur d'une biographie de la chancelière. Aujourd'hui professeur à l'université de Leipzig, Der était à l'époque l'assistant du professeur Haverland à la faculté de physique. Il raconte que c'est la jeune étudiante qui avait fait le premier pas et était venue spontanément frapper à la porte de la mansarde qu'il occupait avec son amie. Elle voulait entrer dans le cercle. Pour voir. Pour en être et participer, mais à sa manière, c'est-à-dire sans se départir de cette aura de mystère qui l'a suivie jusqu'à aujourd'hui. Der ne sera pas le seul à relever chez elle un charisme et une force intérieure qui retiennent l'attention et la distinguent des autres. Difficile de dire ce qui, dans ces souvenirs d'un ancien ami, relève de la reconstitution *a posteriori* d'une personnalité au destin extraordinaire.

Bien plus tard, dans une interview au journal populaire *Bild*, elle appuiera le trait de l'étudiante joviale, racontant ses activités de barmaid dans les soirées disco de la cité universitaire. Angela, la reine du Kirsch-Whisky à trente pfennig le verre. Un business rentable quand on sait doser les ingrédients intelligemment[9]. L'histoire ne dit pas si elle ajoutait à la potion un peu de l'alcool récupéré au laboratoire.

Ses choix ne sont pas exclusifs. Elle ne sacrifie pas le travail à la fête, ni la fête au travail. Elle ne se coupe pas non plus du milieu protestant. Lors d'un séminaire au Schloss Mansfeld, alors géré par l'Église protestante, avec l'aval des autorités, elle rencontre le dissident Reiner Kunze. Le philosophe, qui a quitté le parti communiste après les événements de 1968 à Prague, a été exclu de l'université et vit alors d'un emploi d'aide-mécanicien. Il fera publier à l'Ouest en 1976 sous le titre *Les Années merveilleuses* une satire de la RDA, qui fera grand bruit. Il passe à l'Ouest en 1977. Lors de leur rencontre, il recommande à Angela de « lire chaque jour un morceau de grande littérature allemande pour pouvoir supporter la bouillie intellectuelle socialiste et voir au-delà[10] ». Elle suivra ce conseil à la lettre.

Sa politique consiste à maintenir toutes les portes ouvertes, à se mettre en situation de saisir toutes les opportunités. « Elle avait aussi toute une vie parallèle. Elle était par ailleurs mariée avec ce Merkel, qui ne s'est jamais montré chez nous. Et elle avait son cercle religieux », se souvient Ralf Der.

En 1977, l'avant-dernière année de ses études, elle a cédé à la cour assidue que lui fait un étudiant réservé : Ulrich Merkel. Les études touchent à leur fin. C'est le moment d'envisager l'après-Leipzig. Ils veulent vivre ensemble. Pour avoir une chance d'avoir un appartement, le plus simple est de se marier. Comme de nombreux autres étudiants à cette étude, ils sautent le pas, poussés par la nécessité autant que par l'envie de s'engager durablement. Pendant l'été, elle convole en justes noces et devient Angela Merkel. De la cérémonie, on cherche en vain une photo publique. Tout ce que l'on sait c'est qu'elle a eu lieu, conformément à la tradition, chez la mariée, à Templin.

En 1978, elle s'installe à Berlin avec Ulrich, sa très casanière conquête de Leipzig, dans un appartement de la Marienstrasse, tout à côté du principal point de passage entre l'Est et l'Ouest : la gare de Friedrichstrasse.

2.

PREMIÈRES ANNÉES BERLINOISES

À Berlin, Angela se met en route vers 6 h 15, de nuit d'octobre à mars. En chemin, elle tente de trouver la *Pravda*. Le quotidien soviétique, édité par le parti communiste, est sa fenêtre sur le monde, son *Herald Tribune* d'Est-Allemande. Sa curiosité reste généralement insatisfaite. Les rares exemplaires sont déjà partis ou n'ont pas été livrés. « Les meilleures choses étaient toujours déjà épuisées[1] », dira-t-elle.

Il lui faut une petite heure pour aller de son domicile jusqu'au quartier d'Adlershof, où se trouvent les laboratoires de recherche de chimie et physique, aujourd'hui rattachés à l'université Humboldt. Friedrichstrasse, Ost-Kreuz, Treptow : la ligne de S-Bahn court littéralement le long du mur, vers le Sud-Est. « Le trajet quotidien m'oppressait[2] », dira-t-elle. À l'impression de buter partout sur le Mur s'ajoute un sentiment d'isolement.

Le contraste avec les insouciantes années à Leipzig est brutal. Avant de quitter la Saxe, la jeune chercheuse s'était posé la question de travailler dans la région, sur le terrain, dans la production. Elle aurait pu. Le sud-est de l'Allemagne abritait de nombreuses entreprises chimiques, qui seront restructurées et privatisées après la réunification. Mais elle avait mesuré, à l'occasion d'une visite dans une centrale électrique, « le fossé entre mes travaux théoriques en physique et le quotidien d'une entreprise socialiste[3] ». C'est ainsi qu'elle avait opté pour un poste d'assistante à l'université. Elle pensait s'être mise à l'abri des dysfonctionnements du système. À tort.

La science peut aussi être un sport de combat

Déjà à l'époque de son arrivée, la RDA est travaillée par des mouvements de dissidence. En 1978, le fondateur de l'Institut central de physique chimie d'Adlershof, que la jeune chercheuse a rejoint, est assigné à résidence depuis deux ans. Il s'agit de Robert Havemann, une figure de la dissidence est-allemande.

Député du congrès du peuple de la RDA pendant quatorze ans et membre du parti communiste dès 1951 en plus d'être un brillant scientifique, Havemann a créé l'Institut en 1953. Il était programmé pour devenir un de ces scientifiques qui font la gloire de leur pays au-delà des frontières. À l'instar d'un Andreï Sakharov, il finira par le rendre odieux aux yeux du monde.

Pendant le semestre d'hiver 1963-1964, Havemann fait un cours sur les relations entre sciences naturelles et philosophie où il « formule des critiques sévères à l'égard de la vérité socialiste dans la RDA[4] ». Il rencontre un grand succès auprès des étudiants. Sous le titre « Dialectique sans dogme », le texte de ses conférences est bientôt publié à l'Ouest.

À partir de ce moment-là, le chimiste philosophe passe du statut de camarade et d'universitaire respecté à celui d'ennemi du régime. Son cas est longuement décortiqué par le comité central qui met un terme précipité à sa carrière universitaire. En 1964, il est exclu du parti. Dans la foulée, il se voit retirer son poste de chef de service à l'Académie des sciences. Il est finalement assigné à résidence pour avoir soutenu un autre opposant célèbre : l'auteur-compositeur Wolf Biermann. Il meurt en 1982 après deux décennies passées sous l'étroite surveillance de la Stasi.

Pendant ses années à Adlershof, Angela Merkel appartient à la majorité silencieuse. Intimement, elle est déjà convaincue des limites du système et rejette ses fondements. Elle analyse la situation. Elle exerce son esprit critique. Elle ne ferme pas les yeux. Mais elle se tait. Elle participe aux Jeunesses communistes (FDJ), qui font partie de l'appareil du parti. Elle s'y engage autant que cela est nécessaire pour sa survie sociale et le bon déroulement de ses études et de sa carrière. C'est un choix à la fois banal et rationnel, compréhensible. Le cas Havemann est là pour montrer les risques immenses que représentait la critique du public du dogmatisme et des mensonges du pouvoir. Elle veut réussir dans le système sans chercher à le changer de l'intérieur. Son intégrité physique et morale est son horizon politique. Elle attend que le système meure de lui-même. Elle éprouve le tragique de la situation. Mais elle ne se révolte pas. Elle observe.

Cependant, la dissidence est un peu plus, dans sa vie, qu'un arrière-plan lointain. L'éviction de Robert Havemann, la déchéance de nationalité de Wolf Biermann[5], le départ, en 1977, de l'écrivain Reiner Kunze qu'elle a rencontré près de Leipzig, sont discutés dans le milieu intellectuel dans lequel elle baigne, en plus d'être relayés par la télévision ouest-allemande qu'elle regarde.

Peu avant la mort de Robert Havemann, elle fait la connaissance de son fils Utz. On est en 1981. Elle vient de quitter le domicile conjugal et s'en va squatter un appartement désaffecté de Prenzlauer Berg. Utz fait partie de la petite troupe qui va l'aider à rénover et aménager son « château ».

Une chambre à soi

Il fallait un certain culot pour quitter son logement dans le Berlin des années 1980. À l'époque, l'Est souffre d'une pénurie aiguë de logement[6]. Il n'y a pas à proprement parler de marché immobilier : c'est l'administration qui attribue les appartements.

Pour en obtenir un, le plus simple est encore de créer une situation de fait... et de se faire légaliser par la suite. Le couple Merkel avait déjà procédé de la sorte lors de son arrivée. Redevenue célibataire, Angela ne fait pas autrement.

Dans un premier temps, elle va frapper à la porte du secrétaire des jeunes communistes de l'Académie des sciences, aux activités desquelles elle participe activement. « Un soir, Angela s'est trouvée devant ma porte et elle m'a dit : "Cela ne va plus. Je viens de quitter la maison. Je me sépare. Est-ce que je peux habiter chez toi ?" » se souvient Hans-Jörg Osten, qui fera plus tard une brillante carrière dans la recherche et l'industrie des semi-conducteurs[7]. Selon Gerd Langguth, la jeune femme aurait trouvé refuge chez une collègue, Jana Grell.

La future chancelière donnera une version très apaisée de cette séparation. Elle « s'est passée sans déchirements ni règlements de compte », dira-t-elle. Mais à lire le récit du professeur Osten, on a plutôt l'impression d'un départ précipité, avec claquement de porte et éclats de voix. Peut-être un dernier geste d'impatience adolescente. À Templin, déjà, elle avait demandé, et obtenu, de s'installer à l'écart de l'appartement familial. Elle reconnaîtra plus tard s'être parfois mise en colère quand elle estimait que sa mère lui demandait de participer aux tâches domestiques plus qu'elle estimait devoir le faire.

Virginia Woolf raconte comment les quelques livres sterling de rente que lui lègue sa tante ont

changé sa vie parce qu'elles lui ont permis de disposer de cette « chambre à soi » dont la romancière
anglaise fit le titre d'un célèbre essai[8]. C'est là qu'elle
peut être seule et exercer son métier d'écrivain, vivre
selon son idée sans être obligée de « gagner sa vie ».
L'État est-allemand aura été en quelque sorte la
« tante » bienfaitrice d'Angela, qui lui aura permis
de se construire la vie la meilleure possible. Elle perçoit certes un salaire, pas de rente. Mais elle dénie
toute dimension productive à ses recherches. Elle
dévoue à l'Académie le temps et l'énergie nécessaires
pour donner ce que l'on attend d'elle et recevoir ce
qu'elle attend de son travail. Sa vie lui appartient.

Après son départ de la Marienstrasse, avec l'aide
de quelques amis de l'Académie, Angela Merkel
s'installe donc dans un appartement vide dans le
quartier de Prenzlauer Berg, aujourd'hui haut lieu
du Berlin branché. Les lieux sont alors dans un état
dramatique. « On a ouvert et on a emménagé »,
raconte Hans-Jörg Osten[9].

Angela Merkel fit plus tard un récit amusé de la
manière dont elle régularisa sa situation. Il était bien
sûr hors de question qu'elle ne paye pas de loyer ou
qu'elle ne se signale pas à qui de droit, à savoir le
bureau de police qui tient le registre de la population. Arrivée devant la fonctionnaire, « j'ai brandi
mon passeport de service de l'Académie parce que
cela faisait une impression relativement substantielle
quand on était universitaire », racontera-t-elle. « La
policière était si impressionnée que sans me poser de
grande question, elle y a fait une inscription. » Pour

obtenir ce blanc-seing, la jeune femme est servie par son statut… et par le hasard. L'appartement se trouve en effet « Templiner Strasse », autrement dit rue de Templin. Or Templin figure encore sur son passeport en tant que « lieu de résidence principal ». L'employée croit voir une logique administrative dans ce qui n'est qu'une pure coïncidence. Angela ressort du bureau de la police avec… une chambre à elle.

Ce célibat sera de courte durée. À l'Académie des sciences, elle a fait la connaissance de Joachim Sauer. Celui-ci est marié et père de famille. Entre son divorce en 1985 et son mariage avec la future chancelière s'écoulent treize années, passées en concubinage, dans la plus grande discrétion. Le premier mariage « s'est fait dans la précipitation », parce que c'était « la seule chance pour nous d'obtenir des postes au même endroit ». Pour le deuxième, il n'y a plus de raison de se hâter. Les époux se contenteront d'une union civile. Ils se dispensent de retourner au temple. Angela conservera le nom de son premier mari. Ce qui valut à Nicolas Sarkozy de faire une boulette mémorable en 2008, lors de la remise du prix Charlemagne à la chancelière. Le président français s'était alors adressé à Joachim Sauer en l'appelant du nom du premier mari d'Angela : « Monsieur Merkel. »

Déception

Malgré ces péripéties, la physicienne continue de préparer sa thèse. À partir de 1978 et jusqu'en 1989, tous les matins, Angela Merkel arrive au laboratoire vers 7 h 15, l'esprit embrumé. C'était « impitoyablement tôt... beaucoup trop... pour le travail intellectuel[10] », dira-t-elle. Son sujet : le craquage du gaz basé sur des méthodes quantiques[11]. L'idée des autorités était d'éclater les molécules du gaz en séparant le carbone et l'oxygène, pour produire du plastique. Le gaz arrivait alors pratiquement gratuitement d'URSS. Elle supervise les expériences visant à opérer cette séparation. La réaction suppose une très haute température, des conditions qu'il était possible de créer en laboratoire mais pas à l'échelle industrielle. C'était « insensé car il est de toute façon évident que l'on n'aurait jamais assez d'énergie, pour produire les températures nécessaires dans des grandes proportions[12] », dira-t-elle.

La vie au laboratoire apporte son lot de frustrations. Ses travaux exigeraient un équipement informatique (on est au début du calcul numérique) pour appuyer les calculs statistiques et mathématiques. Mais le matériel fait défaut. Elle éprouve un sentiment d'absurdité difficile à vivre. En un mot : elle est déçue par ce qu'elle trouve dans ce qui est pourtant le saint des saints de la recherche est-allemande. Le chemin de crête l'a menée contre un mur. « La perspective de continuer dans la recherche pendant vingt-cinq ans, sans moyens, juste pour conserver ses aptitudes intellectuelles, n'était pas très alléchante[13] », dira-t-elle. C'est une litote.

Aux Jeunesses communistes

Pour sortir de son isolement et se construire un quotidien moins gris, elle procède par touches successives, saisit les occasions, les provoque s'il le faut. Elle reprend du service aux Jeunesses communistes qui restent alors ouvertes aux universitaires au-delà de l'âge limite de trente ans. À sept ans, elle avait déjà convaincu ses parents de la laisser y entrer. Elle y retourne pour les mêmes raisons : retrouver une vie sociale à l'extérieur du foyer.

Cet engagement à la FDJ sera bien plus tard l'objet de force polémiques. Elle dément avoir jamais franchi la ligne de la participation idéologique active qu'elle s'était fixée. « Promotion ? Propagande ? Je ne me souviens pas d'avoir agi dans ce sens », dira-t-elle. Son ancien compagnon de route des années Kohl, Günther Krause, dont la carrière politique s'interrompra brutalement après une affaire de corruption, mettra en doute cette affirmation sur fondement qu'Angela Merkel était chargée au sein de la FDJ de la « promotion et propagande ». Pour Krause, il ne fait pas de doute qu'elle est là pour répandre la bonne parole et pour recruter. Elle expliquera qu'elle a réintégré l'organisation essentiellement pour se procurer des places de théâtre meilleur marché et voir des amis sans être immédiatement suspectée de menées sub-versives. « Je n'aurais peut-être pas eu besoin de la FDJ si j'avais eu des amis à l'Institut dès le début[14] », dira-t-elle.

La polémique sur la sincérité et la nature de l'engagement d'Angela Merkel au sein de la FDJ masque cette réalité toute simple : quand d'autres feront leurs débuts en politique dans les mouve-ments civiques dont certains fusionneront plus tard dans le Neues Forum (Nouveau Forum), organisa-teurs des grandes manifestations de l'automne 1989, elle aura déjà testé ses aptitudes d'organisatrice et d'animatrice… au sein de la FDJ. Cela n'en fait pas pour autant une collaboratrice du système qui était déjà moribond.

Elle organise des conférences sur le sort de femmes en Allemagne de l'Ouest. Elle planche sur le suicide et sur l'économie de marché… en Hon-grie. Elle est dans le système. Elle ne se pose pas en alternative. Mais elle verse sur la mécanique rouillée de la propagande est-allemande les gouttes d'acide d'une pensée libre guidée par la curiosité et l'exi-gence intellectuelle. Elle y fait en somme ce qu'Emmanuel Mounier appelait, en référence au tra-vail de la revue *Esprit* dans les années 1930 et 1940, de l'« armement intellectuel clandestin ».

Mais l'Allemagne des années 2000 aime visible-ment vivre avec l'idée qu'Angela Merkel a tout appris de la politique après 1989. C'est sous-estimer son besoin d'action, de communication, son intérêt pour les questions économiques qui la tenaillent déjà à l'époque et qu'elle ne peut en réalité exprimer qu'à travers cet engagement.

« Une jeune scientifique sans illusion »

Petit à petit, la chape de plomb des premières années se lève. Quelques mois après son installation sur la Templiner Strasse, la chance lui sourit à nouveau quand son immeuble fait l'objet d'un projet de réhabilitation. L'administration entreprend de la reloger, dans les formes administratives les plus strictes cette fois-ci, et sans qu'elle ait rien eu à demander. La voilà quelques rues plus loin dans un bel et vieil immeuble de la Schönhauser Allee, pas très loin de l'appartement qu'elle occupe aujourd'hui. À l'exception des huit années passées à Bonn aux côtés du chancelier Kohl, Angela Merkel aura finalement vécu sans discontinuer depuis qu'elle a vingt-quatre ans à Berlin, dans un rayon de 3 kilomètres autour de l'île des musées. Elle est une Berlinoise.

Quand son travail et ses activités sociales lui en laissent le temps, la physicienne dévore romans et essais en allemand et en russe. Elle « a fait à l'époque, dans cette décennie "de niche" entre vingt-quatre et trente-quatre ans, ce que les jeunes gens devraient faire avant tout : elle a lu, lu, lu, tout ce qui pouvait lui passer par les mains, de la physique quantique à la littérature scientifique de chimie en passant par la politique et la philosophie politique, l'histoire et la littérature, les discours de (Richard) von Weiszäcker (ex-président fédéral ouest-allemand), des textes de Sakharov, Gorbatchev, Popper, Ernst Fraenkel, Uwe Johnson, les classiques allemands, Boulgakov. Tout[15] », raconte Evelyn Roll.

À l'université, elle se construit une vie sociale, se lie d'amitié avec la dizaine de chercheurs de son département où elle est la seule femme. Elle pousse l'audace jusqu'à avoir quelques franches discussions avec certains de ses collègues, ce qui n'est pas sans risque. Parmi eux Michael Schindhelm, dont elle partage le bureau. Dans son roman autobiographique, *Le Voyage de Robert*, il lui fait incarner « l'exemple d'une jeune scientifique sans illusion ». Elle s'y nomme Renate. Quant à leur chef de laboratoire, il ressemble, sous la plume de Schindhelm, à « un ange fatigué du savoir[16] ». Après la chute du Mur, on découvrira que plusieurs de ses proches collègues de travail informaient la Stasi. Schindhelm en fait partie mais les archives montrent également, comme il le dira lui-même plus tard, qu'il ne rapporta jamais rien de ses conversations avec Angela. Il passera à l'Ouest avant la chute du Mur pour y mener une carrière littéraire et théâtrale, notamment comme régisseur du théâtre de Bâle, en Suisse.

Le début de la fin

La deuxième moitié des années 1980 est, en RDA, une période étrange où le régime semble se décomposer et passe par des phases de crispation et de relâchement. De plus en plus d'initiatives qui auraient été jugées subversives quelques années plus tôt sont tolérées. « Il n'y a plus de règles claires, les frontières s'estompent », relate Maxim Leo en s'appuyant sur l'expérience de son père, un illustrateur qui passa du communisme à l'opposition passive. « On voit naître des espaces de liberté, des possibilités qui disparaissent parfois de nouveau par la suite. Nul ne peut dire ce qui est encore autorisé et ce qui est déjà interdit », raconte-t-il. Angela Merkel a certainement dû éprouver ce flottement.

Les relations entre les deux Etats allemands s'assouplissent. L'aide financière de l'Ouest à l'Est devient substantielle. En 1983 le ministre des Finances ouest-allemand Franz Jozef Strauss accorde un prêt colossal d'un milliard de marks à la RDA. Le 12 mars 1985, Erich Honecker et Helmut Kohl, respectivement Premier ministre est-allemand depuis 1976 et chancelier ouest-allemand depuis 1982, se rencontrent pour la première fois en marge des funérailles de Constantin Tchernenko à Moscou. Un an plus tard, Bonn et Berlin-Est signent un accord de coopération culturelle. Les conditions de voyage à l'Ouest pour les ressortissants est-allemands en dessous de l'âge de la retraite sont assouplies. Le quota d'autorisation passe de 66 000 en 1985 à 1,4 million dans les années suivantes[17]. Angela Merkel va en profiter.

En 1986, elle entreprend un long voyage en RFA pour le mariage de sa cousine. De Hambourg, elle file vers le Sud, comme elle l'avait fait jadis aux côtés de sa grand-mère qui voulait tant voir la Bavière. Elle va à Constance et à Karlsruhe pour « rendre visite à un professeur[18] ». S'agit-il d'un de ses anciens enseignants passé à l'Ouest ? On ne le sait pas. Toujours est-il qu'elle rentre (car elle rentre, bien sûr) éblouie par le confort des trains ouest-allemands et effarée par le manque de respect avec lequel ses congénères du monde capitaliste posent leurs chaussures sur les banquettes de la Deutsche Bahn !

En janvier, elle a présenté sa thèse, plus de sept ans après son arrivée à l'Académie. Professionnellement, elle n'a pas grand-chose à attendre, sinon de devenir à son tour professeur et de former des étudiants. Au plan personnel, elle a trouvé l'âme sœur. Mais elle souffre comme jamais du manque de liberté. « J'avais l'impression de vivre en permanence dans un lieu public, dans lequel on n'avait jamais la possibilité de prendre des initiatives, dans lequel une bonne dose de maîtrise de soi était nécessaire[19] », dira-t-elle. La chute du Mur va lui donner la liberté qui lui fait défaut.

3.

PORTRAIT À LA CHUTE DU MUR

Quand le Mur tombe, Angela Merkel a plus qu'un passé : elle a une histoire. À trente-cinq ans, elle a révélé des aptitudes, s'est forgé des convictions et inventé une méthode, un guide de survie pour tracer sa route dans la jungle du réel. La RDA est une école redoutable. Elle y a appris à exiger beaucoup d'elle-même et à ne pas trop attendre des autres, à avancer dans un environnement sinon hostile, tout au moins dangereux et arbitraire. Elle a acquis un sens de l'absurde qui ne la quittera plus. Elle sait limiter ses désirs à l'essentiel, à ne prétendre à rien qu'elle n'ait une chance d'obtenir, à arrêter ses « lignes rouges » avec précision, à la frontière de l'acceptable politiquement et du supportable moralement, à participer sans se compromettre, à se taire sans s'isoler. Elle a appris à ne pas faire confiance, mais elle sait aussi qu'il faut parfois courir le risque d'être trompé pour que la vie soit supportable.

« *Chacun a dû faire des compromis* »

Elle sera déçue, mais pas surprise, quand elle découvrira que certains camarades du laboratoire d'Adlershof ont fourni des renseignements sur elle et fait verser à son dossier à la Stasi ses « critiques » à l'égard de la RDA. Quand on l'interrogera sur l'absence d'épuration systématique à l'Est, elle dira qu'il était souvent bien difficile de tracer une frontière entre ceux qui méritaient d'être sanctionnés et les autres dans la vaste « zone grise » des collaborateurs de la Stasi. La société n'était pas coupée en deux entre les courageux dissidents qui risquaient la prison ou l'exil, d'un côté, et la masse silencieuse et complice de ceux qui « font avec », de l'autre. La vérité était plus nuancée. « Il était très difficile de distinguer les "un peu" coupables des "très" coupables… Chacun a dû faire des compromis, y compris moi[1] », dira-t-elle.

Une question lancinante pèse toutefois sur cette première partie de sa vie. Elle qui s'est posée par la suite en admiratrice de la liberté, pourquoi n'a-t-elle pas pris part aux mouvements civiques, y compris dans les semaines qui ont précédé la chute du Mur ? À l'époque, l'issue des manifestations était certes encore incertaine, et y participer comportait des risques. Mais elle aurait pu être tentée de partager avec d'autres sa défiance pour le système et son espoir d'un changement ?

D'abord, elle ne partage pas grand-chose avec ces manifestants. « C'était des originaux, des margi-

70

naux. » Elle était un docteur en sciences physiques jouissant de la reconnaissance de l'institution. « Elle n'avait rien à faire avec eux », explique l'ancien Premier ministre est-allemand Lothar de Maizière. Ensuite, la protestation venait généralement de personnes qui pensaient le régime est-allemand réformable et continuaient à croire dans une troisième voie entre socialiste et capitalisme. Or elle est convaincue du contraire. Enfin, on peut aussi penser qu'elle doute des vertus de l'activisme politique. La chute du Mur est un effet du système, une autodestruction plus qu'une victoire des opposants.

« L'économie a décidé »

Dans le long entretien qu'elle a accordé à Hugo Müller-Vogg peu après avoir été élue présidente de la CDU, elle assure qu'elle a été très tôt convaincue que la logique économique broierait elle-même la RDA. C'était l'« organisation la plus inefficace d'une société[2] » que l'on puisse imaginer, dit-elle. Avant même que les difficultés de la RDA ne deviennent manifestes au point de commencer à la faire dépendre financièrement de la République fédérale, la conviction d'Angela Merkel est que le système s'est condamné lui-même à disparaître à cause de sa piètre productivité, de son organisation inefficace, de sa faiblesse économique. « L'économie a décidé », dira-t-elle, du choix d'une réunification complète plutôt que d'une confédération de deux Allemagnes.

« La chute du socialisme était déjà une conséquence de l'évolution économique[3]. »

Bien avant 1989, elle est convaincue de la supériorité du système ouest-allemand. Elle a déjà réfléchi aux avantages économiques d'une société libre. Elle a identifié la question politique centrale, à ses yeux : l'urgence de « réfléchir à la façon dont une société doit s'organiser pour fonctionner au mieux et pour que les individus soient productifs[4] ». Organisation. Productivité. Jusqu'à aujourd'hui, ces questions l'ont occupée plus que toutes les autres. En physicienne, Angela Merkel voit la société comme un système d'interactions complexes qu'il faut arriver à comprendre pour bien agir. Elle ne croit pas le droit tout-puissant. Elle le voit comme un instrument pour jouer sur un organisme social et économique qui obéit à ses propres lois physiques. Au service de quoi ce système doit-il fonctionner ? De l'homme, mais de l'homme productif, celui qui voue son existence à son propre perfectionnement et ne laisse pas les déterminations sociales se mettre en travers de cet impératif.

À l'époque de la chute du Mur, la fille du pasteur Kasner a déjà parcouru un long chemin sur cette voie en rejoignant l'élite scientifique du pays. Il manquait un chaînon pour que ses efforts et ceux de ses concitoyens concourent au bien-être collectif : la liberté.

Contrainte et liberté

Sa politique aura été d'exploiter au maximum l'espace de liberté dont elle pouvait disposer plutôt que d'en chercher une plus grande ailleurs. L'exode des éléments « dont on ne voulait plus » et qui étaient en fait poussés à l'exil permettait la conservation du système. « Celui qui exprimait un trop grand désir de liberté, qui se rebellait trop, était harcelé tant qu'il n'avait pas quitté le pays[5] », dira-t-elle. Dans ces conditions, fuir aurait été une défaite.

Cela posé, elle apprend à persévérer, sans horizon clair, sans savoir quand arriverait la sortie du tunnel. « J'étais juste sûre qu'à soixante ans, j'irais en Amérique[6] », dira-t-elle. Autant dire une éternité pour une jeune femme dans sa trentaine[7]. Cette expérience de l'absence de perspective la sépare non seulement des Allemands de l'Ouest mais de toute personne qui a grandi de l'autre côté du rideau de fer. Jusqu'à aujourd'hui, la chancelière a la lenteur apparente, la prudence excessive de celui qui sait se prémunir contre sa propre impatience. Elle a appris à attendre et à tenir. « Nous, Allemands de l'Est, nous nous sommes entraînés à la course de fond, pendant qu'à l'Ouest, on sprintait[8] », dira-t-elle.

Parmi les hommes

Elle a aussi appris à vivre dans un milieu d'hommes. Pendant dix ans, elle est la seule femme parmi la dizaine de physiciens de son laboratoire. À l'université, la mixité était plus grande mais les étudiantes restaient minoritaires dans sa filière. Elle n'a aucun complexe intellectuel vis-à-vis d'eux. Elle travaille avec eux sur un strict pied d'égalité. Cette expérience lui sera très utile dans le monde politique où elle s'apprête à entrer. Bien sûr, cela ne l'empêchera pas de devoir lutter contre les préjugés sexistes des autres. Mais au moins, elle n'aura pas à surmonter préalablement les siens.

Singulière dans ce monde masculin, elle ne joue pas la carte de séduction pour autant. Loin s'en faut. Elle affiche une souveraine indifférence pour son apparence à un point qui, même aux standards est-allemands, reste remarquable. Jusqu'à ce jour, son apparence reste d'une grande sobriété. Ses gestes ont parfois quelque chose d'enfantin qui rappelle la retenue d'une élève en train de réciter sa leçon. Si elle cherche à exercer une séduction, c'est sur le plan intellectuel, spirituel et non charnel.

Avec la gent masculine ses rapports semblent francs et directs, « typiques des Allemandes du Nord », m'assure un élu allemand. « Il faut même savoir qu'elles allaient se baigner nues dans les lacs du Brandebourg et du Mecklembourg pour protester contre le régime ! » ajoute-t-il. On imagine quand même mal la fille du pasteur Kasner se prêter à ces démonstrations libertaires. Mais il est amusant que certains de ses propres partenaires politiques se plaisent à le penser. Remarque typique des catholiques de l'Ouest, serait-on tenté de dire.

Cette féminité particulière est indissociable de sa culture protestante, faite de réserve dans l'expression des sentiments, d'un sens aigu de l'égalité entre les êtres humains quel que soit leur sexe et d'une approche très intellectuelle des rapports humains et de la vie en général.

Reste une question : pourquoi n'a-t-elle pas eu d'enfants ? Pendant ces années berlinoises, le rythme de travail n'a pas toujours été intense et elle partage depuis plusieurs années la vie de Joachim Sauer. Est-ce que son compagnon, qui avait déjà fondé une famille avant de la rencontrer, ne voulait pas être père à nouveau ? Est-ce qu'elle répugnait à élever un enfant dans l'environnement oppressant de la RDA ? Est-ce qu'elle ne pouvait simplement pas en avoir ? Est-ce qu'elle ne le voulait pas ? Toutes les hypothèses sont possibles. Elle dira que l'occasion ne s'est pas présentée. À partir de 1990, sa carrière politique l'absorbe littéralement. En Allemagne, même la presse populaire a renoncé à percer les mystères du couple Sauer-Merkel.

Pasteur plutôt que tyran

S'il est un désir qui anime la jeune physicienne au moment de la « Wende », c'est bien celui d'agir, plus encore que celui du pouvoir.

Au plan idéologique, elle est agnostique. Elle a grandi à l'abri des chapelles politiques, tandis qu'à l'Ouest l'engagement partisan commence pendant les années d'études, voire avant le baccalauréat. Ce n'est pas qu'elle hésite entre ces différentes « voies » possibles, mais elle s'est déjà forgé sa propre vision ancrée dans son éducation protestante, son travail scientifique et les leçons qu'elle a tirées de l'échec est-allemand.

Elle garde de ces années est-allemandes une profonde aversion pour tout ce qui se rapproche d'une aspiration à l'« égalité réelle ». La seule qui vaille est celle des hommes devant Dieu et devant la loi. La recherche de l'égalité matérielle, l'égalisation, débouche sur l'aliénation. Elle est donc haïssable. À ce mirage, elle préfère le sentiment de la compassion. Elle ne sera pas donc pas hostile à l'idée de solidarité mais dans un sens chrétien : l'aide aux plus faibles.

Une chose, enfin, lui restera fondamentalement étrangère : la nostalgie. Ni celle de sa propre enfance. Ni celle d'une époque révolue. Elle ne rêve pas d'un âge béni. Demain peut être meilleur qu'aujourd'hui à condition d'être consciencieux et raisonnable. Ce programme suffit à remplir une vie.

Elle fera sa route à la CDU, non parce qu'elle embrasse sans réserve toutes les options du parti mais parce qu'il est l'instrument le plus efficace de son action. Elle fait de l'entrisme. Pas sur le mode autoritaire du tyran, mais sur le mode délibérant et empreint de doute du pasteur ou du rabbin. Elle veut prêcher par l'exemple et convaincre par la raison. Son programme sera celui d'une société respectueuse de la liberté, exigeante et productive. Une société où la performance, voire l'excellence (et non la recherche de la perfection qui est une forme de l'orgueil) occupent une place centrale. Elle aborde la Wende, le grand tournant de la fin 1989 qui débouchera, un an plus tard, sur la réunification des deux Allemagne avec une histoire et une vision de l'action publique radicalement différente de ses futurs pairs ouest-allemands.

Partie 3

LES ANNÉES D'APPRENTISSAGE

1.

MERKEL-MAIZIÈRE : DESTINS CROISÉS

Automne 1989. Sous la poussée des émigrants et des manifestants, les jointures du rideau de fer craquent comme de vieilles coutures. Dans l'après-midi du jeudi 9 novembre, à la télévision Günther Schabowski, le porte-parole du parti communiste est-allemand, annonce un assouplissement du régime des visas pour l'Ouest.

Cet après-midi-là, Angela Merkel est derrière son écran. « J'ai appelé ma mère. À la maison, nous disions toujours qu'une fois le Mur tombé, nous irions au Kempinski[1] manger des huîtres. Je lui ai dit que c'était le moment. Et je suis allée au sauna, comme chaque semaine », raconte-t-elle. Quand elle en sort à 21 heures, « au lieu d'aller boire un bière comme d'habitude », elle part « se promener »… à l'Ouest. Les gardes-frontières ont renoncé à porter les armes contre la foule qui a pris d'assaut les points de passage Est-Ouest. Une fois de l'autre côté, elle cherche une cabine téléphonique pour appeler sa tante à Hambourg. Elle n'en trouve pas et atterrit finalement dans une famille ouest-allemande qui lui laisse utiliser sa ligne. « Tous voulurent faire un tour sur le Ku'damm[2] ; moi je suis rentrée car le lendemain je devais me lever tôt... J'avais rencontré suffisamment d'inconnus pour la soirée. J'ai fait la balade sur le Ku'damm le lendemain avec ma sœur[3]. »

À la recherche des « gens qui m'intéressaient »

Dans les semaines qui suivent, les forces politiques ouest- et est-allemandes s'organisent en vue des premières élections libres de RDA qui sont annoncées pour le printemps. Angela Merkel veut participer à cette transformation. La fille du pasteur Kasner, spontanément classée à gauche par ses collègues, balaye les options. Le pacifisme et le militantisme antinucléaire du Mouvement citoyen, soutenu par l'Église protestante, la rebute[4]. La rhétorique et les « chants révolutionnaires » des sociaux-démocrates tout autant. « Il n'était pas question que j'adhère à un parti établi », dira-t-elle plus tard[5]. Elle cherche un point de chute qui ne l'embrigade pas dans une chapelle partisane. Elle le trouve au Renouveau démocratique.

Ce mouvement né le 1er octobre 1989 des manifestations citoyennes s'est constitué en parti politique le 17 décembre pour pouvoir prendre part aux élections. C'est un « tout petit parti[6] ». Ses « cadres » ne sont qu'une poignée. Proche de l'Église protestante, il jouit d'une réputation intellectuelle, élitiste et intègre et plaide pour une transformation de la RDA, pas pour la réunification des deux Allemagne. Son programme tente un compromis entre une forme de « socialisme démocratique » et des idées plus libérales.

Angela Merkel frappe à sa porte dans les derniers jours de 1989. Elle se présente dans les locaux de l'organisation, à Prenzlauer Berg, et dit qu'elle voudrait « écouter », se souvient un collaborateur du RD[7]. Elle ne tarde pas à être convaincue. « Au RD, j'ai entrevu la lueur de ce que j'imaginais pour le futur. On y rencontrait des intellectuels et il y avait à faire. J'avais atterri précisément chez les gens qui m'intéressaient[8]. »

Elle s'apprête à l'époque à demander un congé sabbatique à son patron à l'Académie des sciences, qui lui-même a rejoint les sociaux-démocrates. Elle envisage de réintégrer son poste au laboratoire après les élections qui sont alors prévues début mai. Elle ne fera définitivement une croix sur sa carrière scientifique qu'en 1991, après son élection au Bundestag.

Des ciseaux aux micros

Au RD, « j'ai déballé et installé des ordinateurs venant de l'Ouest ! » raconte-t-elle. Coïncidence amusante pour la physicienne qui avait souffert de l'équipement informatique indigent de son laboratoire. Pendant la préparation de son doctorat, il lui était arrivé de devoir patienter plusieurs jours pendant que les machines « tournaient » avant de recueillir les résultats de ses calculs. Déballer ces ordinateurs, c'est franchir la marche qui la sépare de l'Ouest, pallier la médiocrité du régime sous lequel elle a vécu. Pour quelqu'un qui, comme elle, a une haute idée de son travail et de sa valeur, c'est en somme réparer une humiliation.

Au RD, la jeune femme ne se contente pas de manier les ciseaux. En quelques semaines, elle se rend indispensable. Elle est orientée d'emblée vers la communication. On lui demande de concevoir des tracts. Le premier sera destiné aux chauffeurs de taxi, « considérés comme des multiplicateurs (de message) particulièrement importants[9] ».

Ceux qui l'ont côtoyée à cette époque la disent efficace et discrète, à la fois effacée, joyeuse et amicale. C'est une période jubilatoire et exaltante. « Je ne me sentais jamais fatiguée car tout était si passionnant[10]. » Rapidement, elle devient *de facto* la porte-parole de Wolfgang Schnur, le président du parti, même si elle n'est jamais officiellement nommée à ce poste. Sa promotion obéit à la nécessité et au hasard. Un jour où son président n'a pas le temps de recevoir une délégation de la Fondation Konrad Adenauer, véhicule idéologique et financier de la CDU, il lui demande de le remplacer. « J'ai répondu que je n'en avais pas la légitimité, il a donc ajouté : "Bon, à partir de maintenant, vous êtes porte-parole" », raconte-t-elle[11]. Et d'ajouter : « Je me suis habituée à ce travail et cela s'est bien passé. »

« Bien passé » ! À la modestie se mêle ici une pointe d'ironie. Quelques semaines après sa promotion éclair, la jeune scientifique transformée en « communicante » doit gérer la mort politique de son propre patron. Wolfgang Schnur est rattrapé, comme tant d'autres, par sa collaboration avec la Stasi. Il doit démissionner. Discrédité, le parti recueille moins de 1 % des suffrages en mars 1990. La chute de Schnur aurait pu marquer la fin de ses ambitions. Elle va au contraire lui permettre de faire un pas de côté en direction de la CDU.

Nouveau départ au gouvernement Maizière

Les élections ont consacré la victoire du parti du chancelier Helmut Kohl. Son homme fort en RDA, Lothar de Maizière, est chargé de constituer un gouvernement. Des négociations ont été engagées pour former une grande coalition avec les sociaux-démocrates. Le porte-parole désigné du futur gouvernement, l'ancien journaliste Mathias Gehler, se cherche un adjoint. L'attribution du poste à un affidé du SPD aurait été logique. Mais Lothar de Maizière écarte cette option et préfère se tourner vers un « junior partner », moins encombrant. C'est alors que Rainer Eppelman, la nouvelle figure de proue du RD, avance le nom d'une illustre inconnue : Angela Merkel.

Le pasteur Eppelman a fréquenté le Waldhof à l'époque où la fille aînée du pasteur Kasner étudiait à Leipzig. Ce lien indirect nourrit sa confiance, au moment où le soupçon de collaboration se répand comme un virus dans la société est-allemande. La rencontre entre Angela Merkel et le nouvel homme fort de la RDA a lieu lors d'un déjeuner organisé par Hans-Christian Mass, un conseiller presse de la CDU, au restaurant de la maison de la culture soviétique, à Berlin-Est, raconte Jacqueline Boysen[12].

Angela Merkel a trente-cinq ans et des joues rondes qui lui en font paraître quinze de moins. Elle porte de longues jupes cousues à la main et des sandales de pèlerin. Cet accoutrement ne sera pas un obstacle à sa fulgurante ascension mais il va lui coller à la peau et forger son identité d'outsider est-allemande jusqu'à ce qu'elle arrive au firmament politique de l'Allemagne fédérale. Au point qu'en 2012 un cabaret berlinois continuait de colporter cette blague : « Tu sais ce que fait Angela Merkel de ses vieux vêtements ? Elle les porte ! »

Avec l'offre de l'équipe Maizière, elle tient l'occasion de passer du statut d'observateur à celui d'acteur. Par chance, les élections ont été avancées de mai à mars si bien qu'il lui reste plus d'un mois de congé sabbatique. Elle peut se permettre de tenter l'expérience sans compromettre son poste à l'université. Pourtant, elle hésite.

Finalement, plusieurs jours après avoir reçu la proposition de Gehler, elle lui écrit pour lui dire sa gratitude et son enthousiasme. C'est « oui »… mais elle doit encore disposer de quelques jours de liberté avant de commencer. Elle a un plan plus urgent : passer un moment à Londres avec son compagnon Joachim Sauer. Désireuse de jouir de sa liberté nouvelle, elle s'offre le luxe de s'exonérer de la cérémonie d'investiture du gouvernement dont elle vient pourtant d'être nommée porte-parole adjointe !

Tout Merkel, ou presque, se trouve déjà dans ces premières semaines en politique : son zèle et sa précision qui la font remarquer et apprécier, son sens du juste moment pour se placer, sa prudence à l'égard des appareils des partis, son goût de la communication, son art de passer inaperçue et de paraître inoffensive, son sang-froid aussi, pendant le limogeage de Wolfgang Schnur, et même, à travers cette escapade londonienne, ce qui ressemble au regret, vite refoulé, de ne pouvoir se contenter du bonheur d'exister.

« Le hasard lui est venu en aide, comme à beaucoup d'autres citoyens de la RDA entrés dans un nouveau monde après le tournant de 1989 », écrit Jacqueline Boysen[13]. Certes, mais la roue pouvait tourner dans les deux sens : hisser au sommet ou faire plonger dans l'oubli. Si la physicienne prend la pente ascendante, c'est aussi qu'elle peut cueillir les fruits de son intégrité. Autour d'elle nombre des nouveaux cadres politiques de la RDA démocratique tomberont pour leurs liens passés avec la Stasi, à l'instar de Wolfgang Schnur. Ce sera le cas de son deuxième patron : Lothar de Maizière.

Mémoire traîtresse

Jusqu'au début des années 2000, Lothar de Maizière a exercé son métier d'avocat *am Kupfergraben*. Le bel immeuble classique qui abritait son cabinet d'avocat est situé au bord de la Spree, face au Pergamon, cet énorme musée conçu au début du XXᵉ siècle pour loger les merveilles rapportées de Perse et de Mésopotamie par les archéologues allemands. Pendant toutes ces années, la voisine de l'unique Premier ministre de la RDA démocratiquement élu n'était autre que son ancienne porte-parole adjointe : Angela Merkel, dont l'appartement privé se trouve au quatrième étage. Lorsqu'il croisait aux congrès du parti celle qui était devenue entre-temps l'une des personnalités politiques les plus en vue du pays, il lui avait proposé de « passer prendre un café », à l'occasion. Mais d'occasion, elle n'a pas trouvé.

Le couple Sauer-Merkel habite toujours au bord de la Spree. Lothar de Maizière, soixante-treize ans, a, lui, quitté la « mine de cuivre[14] » pour un modeste immeuble de la Chausseestrasse. Il y occupe un appartement transformé en bureaux, encombré de livres et de gravures, que l'Église protestante lui loue pour un loyer modeste. En remerciement de son aide pour l'avoir aidé à récupérer la propriété de l'immeuble, après la chute du Mur, précise-t-il. Le lieu respire le calme et la nostalgie. Un petit chien entre et sort constamment de son bureau. Ses griffes crissent sur le parquet ciré. Au bord de l'étagère sur-chargée une bouteille de whisky attend l'arrivée d'un visiteur du soir. Pointant le doigt vers les aligne-ments de tombes du cimetière, en contrebas, l'ancien Premier ministre et vice-président de la CDU dit : « Voilà mon avenir. » Puis il ajoute : « C'est là que sont mes parents. » Altiste talentueux, Lothar descend d'une illustre famille de huguenots qui a donné à l'Allemagne plusieurs ministres, quan-tités de pasteurs et un général célèbre pour s'être attelé à créer l'armée fédérale après 1945. Son cousin Thomas siège au gouvernement d'Angela Merkel.

S'il fouille volontiers sa mémoire pour se rappeler des années où il a vu émerger l'actuelle chancelière, il lui revient parfois des souvenirs surprenants. Il assure par exemple qu'en mars 1990, Angela Merkel était candidate pour devenir député à la Volkskam-mer, la Chambre du peuple qui siégera quelques mois seulement, jusqu'à la fusion des deux Alle-magne. Selon lui, elle était « 6e ou 7e sur la liste », ce qui lui aurait permis d'être élue si le Renouveau démocratique, son parti, n'avait essuyé une terrible défaite avec moins de 1 % des suffrages et seulement quatre candidats élus.

Angela Merkel dément avoir jamais eu l'intention d'entrer à la Chambre du peuple. « Je ne voulais pas être candidate. Je n'étais que simple militante[15] », dira-t-elle.

Mémoire défaillante d'un monsieur âgé ou tenta-tive de réécrire l'histoire, lui qui a été privé du pou-voir à peine l'avait-il acquis ? Le fait est qu'au cours de l'année qui suit leur rencontre les destins de la petite attachée de presse et du prince de la politique est-allemande vont se croiser de façon spectaculaire.

Blanche comme neige

Le gouvernement Maizière vivra du 12 avril au 2 octobre 1990, jour de la réunification allemande. Pendant ces 180 jours intenses, le porte-parole en titre, Matthias Gehler, s'occupe essentiellement de la Chambre. Les quatre cents députés siègent « tous les jours » et adoptent plus d'une centaine de lois. Angela Merkel s'investit dans les relations avec la presse. Les journalistes apprécient son style précis et clair. Elle est toujours disponible, toujours prête à expliquer.

Elle qui rêvait de voyager est comblée par le zèle que met son Premier ministre à faire le tour de l'Europe pour se présenter. Elle l'accompagne à Strasbourg au Parlement européen. À l'Élysée, elle rencontre François Mitterrand. Elle s'assied dans le bureau de Margaret Thatcher au 10, Downing Street. À Moscou, elle suit la négociation du traité 2+4. Signé entre les deux Allemagne et les quatre puissances alliées, il achève de rétablir la souveraineté allemande en scellant le retrait de ces dernières et la fin de la division de Berlin en quatre zones.

Ces débuts la confortent dans l'idée qu'une réunification rapide des deux Allemagne est à la fois possible et souhaitable. Le travail lui plaît. Elle envisage sérieusement de refermer derrière elle la porte de sa carrière de physicienne. Mais sa position reste fragile car elle travaille pour un homme dont le poste est par définition condamné par la réunification. Elle doit trouver un autre ancrage. Dans la République fédérale une carrière politique est nécessairement parlementaire. « En juin 1990, lorsqu'il a été vraiment question d'une unité allemande, je me suis décidée à proposer ma candidature pour un mandat au Bundestag », dira-t-elle plus tard.

Elle n'a pas de passé de militante, pas d'attache régionale. Elle doit mettre le pied à l'étrier au niveau fédéral. Elle va alors chercher le soutien du président du parti lui-même, Helmut Kohl. Les 1er et 2 octobre 1990, la CDU organise à Hambourg un « congrès de la réunification ». C'est là, raconte Gerd Langguth, qu'elle demande à Heiner Geissler, une des quatre autres figures politiques est-allemandes de la CDU, de la présenter au président du parti.

Elle a alors avec Helmut Kohl un « relativement long entretien » dont il ressort « visiblement impressionné[16] ». En novembre 1990, quelques semaines avant les élections fédérales de décembre, il la fait venir à la chancellerie, à Bonn. Selon Langguth, il a alors déjà l'intention de lui proposer une circonscription électorale et, de surcroît, de la faire entrer au gouvernement. Il reste à lever l'incertitude sur les antécédents de la jeune recrue. Son dossier personnel extrait des archives de la Stasi conforte finalement le chancelier dans son choix. Elle est blanche comme neige.

La chute de Lothar

Les élections du 2 décembre 1990 sont un triomphe pour le chancelier Kohl. La CDU et la CSU remportent ensemble 48,4 % des sièges. Dans le nouveau gouvernement, Lothar de Maizière est nommé « ministre avec affectation spéciale », à savoir accompagner la réalisation de l'énorme « contrat de réunification » entre RFA et RDA. Rapidement, il est fragilisé par des rumeurs de collaboration. L'avocat aurait travaillé comme collaborateur informel avec la Stasi sous le pseudonyme de « Czerny ». Le 17 décembre, ses fonctions sont suspendues. Malgré le soutien de Wolfgang Schäuble, le numéro 2 de la CDU, il ne retrouvera jamais sa place.

De son côté, Angela Merkel, parachutée dans la circonscription de Stralsund, sur la côte baltique, a été élue haut la main avec 48 % des suffrages nominaux[17]. Lors de leur entretien de novembre, à Bonn, le chancelier lui avait posé « une question étrange ». Il voulait savoir « si je m'entendrais avec des femmes[18] », raconte Angela Merkel. Au lendemain du vote, elle comprend pourquoi quand il lui offre de devenir ministre de la Condition féminine et de la Jeunesse. Le ministère est une petite administration issue du partage en trois de l'ancien ministère de la Jeunesse, de la Famille et des Femmes. Elle saisit sans hésiter ce qu'elle nomme une « opportunité ». Mais elle reconnaît son absence d'intérêt pour le sujet. « À vrai dire, pendant les grands changements en Allemagne, je ne m'étais pas beaucoup intéressée aux thèmes de la jeunesse et des femmes », dira-t-elle.

En septembre 1991, Lothar de Maizière démissionne de son poste de vice-président de la CDU et de son mandat au Bundestag. Au même moment, l'hebdomadaire *Der Spiegel* publie un portrait élogieux[19] de la jeune ministre. Deux mois plus tard, Helmut Kohl fait d'Angela Merkel la nouvelle vice-présidente de la CDU. Les délégués du parti la confirment à 86 %. Elle remplace son ancien patron sans états d'âme. Elle a désormais un siège au Bundestag, une place dans le parti. Il lui faut faire ses preuves comme ministre.

2.

LES DILEMMES D'UNE DÉBUTANTE

Entré en vigueur le 23 août 1990, le traité de réunification déroule un long programme d'harmonisation législative entre les deux Allemagne. Il va rouvrir une vieille querelle concernant la législation sur l'avortement. Depuis longtemps, la RDA s'était affranchie de l'approche conservatrice qui a continué à prévaloir à l'Ouest sous l'influence de l'Église catholique et des partis de centre-droit. Sa législation est plus en ligne avec les positions que les sociaux-démocrates et les libéraux ont échoué à faire prévaloir en République fédérale. La jeune ministre est-allemande va se retrouver aux premières loges d'un débat qui enflamme le Bundestag et secoue la société à partir de 1991.

Le « § 218 »

Étrange pratique qui consiste à désigner un fait de société par le numéro d'un article du code pénal.

Sous le Troisième Reich et dans les milieux homophobes, les homosexuels étaient affublés du terme péjoratif de « Einhundertfünfundsiebziger », autrement « 175ᵉ », d'après l'article du code pénal qui criminalisait les rapports homosexuels. Réformé en 1969 puis en 1973, le paragraphe 175 ne sera complètement aboli qu'en 1994.

Le paragraphe 218 désigne, lui, l'illégalité de l'avortement punissable de plusieurs années de prison depuis l'entrée en vigueur du code pénal en 1871. À partir des années 1970, il a été érigé en symbole. Pendant les manifestations féministes, les manifestantes barraient leur bâillon des trois chiffres honnis.

Partout en Europe, le sujet a suscité des débats enflammés. Avec la loi Veil, la France a opté en 1975 pour une approche dite « du terme » qui garantit la liberté de se faire avorter dans les douze ou quatorze premières semaines de la grossesse, sans justification mais après un avis du médecin. Le Royaume-Uni avait ouvert la voie en 1967. L'Italie y est venue en 1978, la Belgique en 1990.

En Europe, l'Allemagne de l'Ouest appartient au camp des pays les plus conservateurs au moment de la réunification. Les tentatives de libéralisation menées jusqu'alors ont toutes échoué. En 1920, une première proposition du député social-démocrate et philosophe du droit Gustav Radbruch en vue d'instaurer un terme légal avait achoppé sur l'opposition des Églises et de la démocratie-chrétienne. En 1975, le Bundestag avait bien voté un régime relativement libéral à l'initiative du gouvernement dirigé par Willy Brandt... Mais cette loi avait été immédiatement annulée par la Cour constitutionnelle de Karlsruhe dans un arrêt qui fit date et qui réaffirma l'illégalité de l'avortement et les sanctions pénales, laissant un espace limité aux exceptions. Les juges avaient estimé que la réforme violait le principe du « droit à la vie et à l'intégrité physique » inscrit dans la Constitution.

Catholiques bavarois contre libéraux

Quand le débat sur la protection de la vie et la liberté des femmes s'ouvre à nouveau en 1991, le droit ouest-allemand en vigueur privilégie toujours l'« indication », d'après laquelle l'avortement n'est possible, après avis médical, que sous de strictes conditions thérapeutiques et en cas de détresse. L'Est a opté depuis 1975 pour l'approche du terme.

Parce qu'il transcende les frontières partisanes et traverse sa propre majorité, le sujet met Helmut Kohl en porte-à-faux entre les ailes conservatrice et progressiste de sa coalition. Le sud de l'Allemagne, catholique, est traditionnellement plus conservateur. Quand le *Strafgesetzbuch* de l'Empire entre en vigueur en 1871, l'avortement est déjà pénalement punissable en Bavière depuis... 1813. Le parti social-chrétien bavarois (CSU), allié du chancelier, en fait une question de principe. Quelques semaines avant la présentation du projet de loi, lors d'un séminaire au cloître bénédictin de l'Irsee, dans un vallon perdu de la très catholique Souabe, Theo Waigel, le tout-puissant ministre des Finances et chef de file de la CSU, a arraché une triple promesse au chancelier : ne pas revenir sur le principe d'intouchabilité de la vie, s'en tenir à l'arrêt de la Cour suprême de 1975 et faire barrage aux velléités de l'aile gauche de la CDU incarnée par la présidente du Bundestag, Rita Süssmuth[1].

Le chancelier commence par faire adopter en cabinet une proposition rétrograde en décalage avec la réalité sociologique de l'Allemagne réunifiée. Excédé, le FDP, pourtant membre du gouvernement, lui fait alors une infidélité en s'alliant avec les sociaux-démocrates. Libéraux et SPD présentent ainsi au Parlement un deuxième texte, différent de celui présenté par le gouvernement et qui comprend l'abandon du principe de l'indication pour celui du terme. Il va jusqu'à dépénaliser l'avortement en supprimant l'opprobre de l'illégalité qui pèse sur lui.

Le 27 juin, au terme d'un débat qui aura duré seize heures, c'est cette proposition de loi SPD/FDP qui est finalement adoptée par 357 voix contre 284.

La ministre s'abstient

Lors de ce vote, Angela Merkel s'abstient. Elle est une des seize députés qui refusent de choisir entre les deux options. Bien que membre du gouvernement et de la CDU, elle ne peut se rallier à son camp et répugne à basculer dans l'opposition. « Je trouvais le projet de la CDU trop dur, et celui du SPD n'était pas conforme à la Constitution[2] », dira-t-elle.

Non contente de s'abstenir, elle est allée jusqu'à présenter son propre projet de loi. Comme ministre de la Condition féminine, elle en avait la possibilité, bien que ce dossier soit au premier chef du ressort des ministères de la Justice et de la Famille. La proposition n'avait aucune chance d'être adoptée mais elle lui permettait de prendre position dans le débat et de faire valoir sa différence.

Sa ligne est en réalité plus proche de celle du SPD-FDP que de celle défendue par la CDU-CSU. Elle procède de ce mélange typique de conviction religieuse et de pragmatisme. En chrétienne, elle considère que l'avortement « met fin » à la vie, laquelle commence « dès la rencontre de l'ovule et du spermatozoïde[3] », soutient-elle. Mais la pénalisation a pour conséquence d'augmenter les avortements illégaux, ce qui doit être évité. « La société se doit d'aider » les femmes confrontés à la « difficile décision » d'un avortement, dit-elle. La fille de pasteur se garde par ailleurs de tresser les louanges du système est-allemand qui revenait à délivrer « une autorisation officielle de pouvoir choisir entre la vie et la mort[4] ». En même temps que d'une sorte de plaidoyer humaniste, sa position procède d'un constat lucide sur les limites de la politique et de la loi. Une législation ne vaut pas seulement par le principe qu'elle énonce mais par ses effets pratiques. Une décision aussi grave que celle d'avorter relève de la responsabilité individuelle, laquelle ne se décrète pas. La législation doit préserver l'espace de la liberté, mais sans laisser les femmes seules face à un choix inhumain.

Au lendemain du vote de juin 1991, les conservateurs saisissent le tribunal constitutionnel. Leur décision, qui tombe deux ans après, est une sorte d'hommage *a posteriori* à la position de la jeune ministre. Les juges rétablissent l'« illégalité » de l'avortement tout en prenant acte des nouvelles conditions dans lesquels il peut être pratiqué (illégalement) mais sans entraîner de sanctions[5]. La presse libérale moque le « sophisme » des juges. Les Allemandes, elles, basculent dans le XXe siècle.

Intellectuellement, Angela Merkel était arrivée à une solution assez proche du point d'équilibre entre l'état de la société, les positions des partis et la casuistique des juges. Elle analysera le paradoxe de l'échec de sa proposition de la façon suivante : « C'est mon destin. Quand on tient une position médiane, on n'obtient pas forcément l'approbation générale. »

Une magistrale leçon de tactique politique

Il ne suffit pas d'incarner la synthèse. Il faut la faire. À cela, Helmut Kohl s'entendait mieux que personne. Le chancelier s'est magnifiquement tiré de cette délicate réforme. Il a commencé par rassurer le poids lourd de sa coalition – la CSU – qui était en même temps, par son conservatisme radical, le principal obstacle à un compromis. Puis il a laissé jouer le contrepoids des forces plus libérales : le SPD et le FDP. Il n'a pas craint de voir s'effacer, le temps d'un vote, sa propre coalition. Finalement, le tribunal constitutionnel a mis tout le monde d'accord avec son coup de barre à droite. Et la réforme est passée, arrachant l'Allemagne à une législation vieillie. La coalition, à laquelle les libéraux tiennent, est sauve. La CSU ne peut rien reprocher au chancelier. C'est une grande leçon tactique.

Angela Merkel apprend auprès d'un maître.

Quand elle disposera des moyens politiques de peser, elle saura réitérer les miracles de Kohl mais en ajoutant à l'art de son mentor une faculté singulière de penser préalablement les décisions, de les fonder en raison. Kohl laisse la synthèse se faire. Plus intellectuelle, Merkel tente d'y procéder en elle-même puis de convaincre ses partenaires.

Le chancelier ne tient pas rigueur à sa ministre de l'indépendance dont elle avait fait preuve sur le dossier du § 218. Dans ce premier gouvernement de l'Allemagne réunifiée, il lui réserve un rôle de symbole plus que d'acteur. Elle remplit le triple quota magique : femme, est-allemande et jeune. Fille de pasteur, elle est un gage pour les conservateurs. Formée à l'école égalitariste de la RDA, elle éveille les espoirs des associations féministes.

« Nous, les femmes »

Pendant l'été 1991, Angela Merkel accompagne Helmut Kohl aux États-Unis. Elle est le seul membre du gouvernement dans la délégation. Ce voyage les mène d'ouest, où ils rendent visite à l'ancien président et ami du chancelier Ronald Reagan, en est. À Washington, ils sont reçus par le président George Bush. À la Maison Blanche, la jeune femme, seconde de la délégation dans l'ordre protocolaire, a du mal à tenir son rang. Le responsable du protocole doit constamment la ramener de l'arrière de la délégation au premier rang, aux côtés du chancelier. Elle est encore en phase d'apprentissage.

Elle observe avec avidité cette Amérique qui était encore un rêve lointain deux ans plus tôt. Elle observe et elle lit… Susan Faludi. L'essai de la féministe, *Backlash : la guerre froide contre les femmes*[6], est en train de devenir un best-seller mondial. Son auteur y dénonce le retour de bâton sexiste qui frappe les États-Unis depuis les années 1980. La démonstration impressionne la jeune ministre.

Deux ans plus tard, pour la parution de l'édition allemande, elle signe dans un magazine féminin et féministe un article intitulé « La marche au pouvoir[7] » qui évoque plus le manifeste d'une activiste que la tribune d'une ministre démocrate-chrétienne. « Aussi longtemps qu'elles ne sont pas représentées dans les postes de direction des médias, des partis politiques, des groupes d'intérêt, dans le monde des affaires et les activités sociales, tant qu'elles ne compteront pas parmi les créateurs de mode et les chefs cuisiniers, tant qu'il en sera ainsi les lignes directrices seront établies par les hommes. C'est pourquoi l'une des leçons que je tire de ce livre et de mon expérience est que nous, les femmes, nous devons poursuivre notre marche à travers les institutions et participer à la puissance publique ! » écrit la future chancelière. Elle rappelle comment l'ancien président républicain et ami de Kohl, Ronald Reagan, imputa le chômage... au travail des femmes. Un argument classique entendu aussi sur les bancs de l'université française à la même époque.

Et d'appeler à une révolution sociale : « Nous devons abandonner les stéréotypes et propager de nouveaux modèles, comme celui de l'homme qui s'occupe de ses voisins, de l'homme qui participe l'après-midi aux cours de la troupe de théâtre, de l'homme qui rince et nettoie les toilettes. Car j'ai appris en RDA que si les femmes, en plus de toutes les tâches dont elles doivent s'acquitter, ont un emploi rémunéré dans le privé ou la fonction publique, alors la force leur manque pour forger leur propre conception de la vie et investir en elles-mêmes », écrit-elle. Si le livre de Faludi parle des États-Unis, il « nous montre avant tout vers quels dangers courent les femmes en Allemagne, où nous vivons actuellement un processus de rapprochement de deux biographies très différentes à l'Est et à l'Ouest », conclut-elle.

« Bientôt superflues »

À Bonn, elle a eu amplement l'occasion de mesu-
rer l'épaisseur des préjugés sexistes de la classe politique de son propre pays. Sa loi sur l'égalité de
traitement entre hommes et femmes bute sur les préjugés. Elle voudrait sanctionner le harcèlement
sexuel au travail, instaurer la parité dans le service
public et l'interdiction de la discrimination à com-
pétence égale dans les entreprises, ce qui deviendra
bientôt la norme, par le truchement de la législation
européenne. Ses initiatives sont accueillies, au
mieux, par des sarcasmes.

Un temps candidat à la présidence de la CDU, le
député Steffen Heitmann défend contre ses projets
« le partage naturel des rôles » entre hommes et
femmes[8]. Une éminence de la CSU, Carl-Dieter
Spranger, la traite de « gentille fille ». Et au comptoir
des députés les blagues d'un goût douteux fusent.
« Les femmes ne sont que de purs objets de désir »,
entend-on. Ou encore : « Vous serez bientôt superflues quand les enfants sortiront de la cornue[9]. »

Grâce à l'appui du ministre de l'Intérieur Wolfgang Schäuble, elle rencontrera plus de succès dans
sa tentative d'améliorer l'accueil des jeunes enfants
en crèche. C'est une avancée symbolique importante
à une époque où les femmes se heurtent encore à la
règle des « 3K » : « Kinder, Kirche, Küche » (enfants,
église, cuisine). Vu de RDA, la contre-révolution
féministe que craignait la lectrice de Faludi ne sera

pas totalement évitée. Mais depuis la réunification, le taux d'emploi des femmes a régulièrement progressé en Allemagne pour atteindre un niveau comparable à celui de la France.

On ne sut pas ce que Kohl avait bien pu penser de l'éventualité de nettoyer les toilettes. Toujours est-il que sa confiance dans sa ministre sortit suffisamment renforcée de ce premier mandat ministériel pour qu'il lui offre bientôt l'un des postes les plus en vue du gouvernement.

3.

LA MÉCANIQUE DU POUVOIR

Les élections du 16 octobre 1994 confirment l'érosion des voix des partis de l'Union : la CDU et la CSU recueillent 41,4 % des voix, soit 7 % de moins qu'en 1990. Le FDP, leur allié naturel, chute à 6,9 %, derrière les écologistes (7,3 %). L'entrée en scène de Bündnis 90/Die Grünen annonce la possibilité d'une nouvelle alliance à gauche avec le SPD (36 %), sorte de pendant au tandem Union-Libéraux. Le moment de l'alternance approche, mais il n'est pas encore venu. Candidat du parti arrivé en tête, Helmut Kohl reconstitue sa coalition noire-jaune et entame un quatrième mandat consécutif de chancelier.

Dans sa circonscription septentrionale de Stralsund, Angela Merkel, tout juste quarante ans, a attiré sur son nom 48,6 % des suffrages, soit beaucoup plus que le score national de son parti. Helmut Kohl la reprend au gouvernement, en vertu du triple quota (femme, jeune, de l'Est). Mais il fait plus : il lui offre le ministère de l'Environnement. Elle y remplace un vétéran, Klaus Töpfer, de seize ans son aîné. Membre de la CDU depuis 1972, il est un des piliers du système Kohl et l'un des ministres les plus respectés du gouvernement. Le Landerneau politique de Bonn accueille cette nomination avec surprise et incrédulité : son portefeuille est un des plus exposés et risqués politiquement.

La question atomique

Le ministère de l'Environnement en Allemagne dans les années 1990 n'a pas grand-chose à voir à ce qu'il était alors en France. Il comprend l'énorme appareil administratif de la sûreté nucléaire. S'il n'existe pas en Allemagne de corps des mines, le lobby nucléaire n'en est pas absent pour autant. Quand elle prend ses nouvelles fonctions, Angela Merkel « se retrouve face à toute une camarilla de pronucléaires », se souvient une source alors proche du chancelier.

À l'époque, environ 40 % de l'approvisionnement en électricité du pays provient de centrales nucléaires. Mais la filière est minée par une forte contestation sociale contre l'utilisation de l'atome. De même qu'en France l'acception de l'arme atomique et des centrales électrique nucléaires vont de pair, en Allemagne le neutralisme viscéral de la population alimente la critique du nucléaire civil. Alors que la France s'engageait dans les années 1970 sur la voie du tout nucléaire, le chancelier Helmut

Schmidt faisait prendre à son pays un chemin totalement différent : celui d'un *mix énergétique* équilibré combinant charbon, hydraulique et uranium.

Cette approche mesurée ne suffit pas à faire taire l'opposition. Le projet de centrale de Wyhl, au bord du Rhin, juste en face du site français de Fessenheim, suscite des manifestations violentes à partir de 1972. Quand Fessenheim est raccordé au réseau électrique en 1978, le projet de Whyl a déjà été abandonné depuis trois ans. L'accident de Three Miles Island en 1979 renforce l'opposition. Après Tchernobyl, en 1986, les sociaux-démocrates abandonnent la ligne de Helmut Schmidt et optent en faveur d'une sortie du nucléaire que jusqu'alors seuls les écologistes défendaient. Vingt-cinq ans plus tard, Fukushima va faire basculer la CDU dans ce camp.

Au moment où Angela Merkel succède à Töpfer, la ligne de la CDU reste toutefois celle définie dans les années 1970 : le maintien d'une capacité de production raisonnable. La tâche de la ministre est donc de gérer une guérilla latente des opposants soutenus, depuis Tchernobyl, par le SPD.

Prise de pouvoir

La physicienne devenue ministre se fait vite une réputation de pronucléaire invétérée. « Elle trouvait que l'hostilité allemande au nucléaire reposait sur des facteurs émotionnels. Elle voulait redresser cela », raconte un membre du Bundestag. Elle décide de prendre son ministère en main.

« Töpfer avait toujours géré ce ministère d'une façon très "fédérale". Il s'était réservé les grandes lignes politiques. Il laissait une large marge de manœuvre à son secrétaire d'État[1] », un certain Clemens Stroetmann, rapporte un connaisseur de la politique allemande. Stroetmann occupe alors ce poste depuis douze ans, il est fonctionnaire du ministère depuis près de vingt ans. C'est un vice-ministre.

« Elle l'a viré le jour de son arrivée. C'était sa première manifestation de pouvoir », raconte un familier de ces années bonnoises. Lui qui pensait devenir encore un peu plus influent sous l'autorité de cette novice va devoir poursuivre sa carrière dans des institutions internationales.

Elle inaugure ainsi son deuxième poste ministériel par son premier meurtre politique. Le limogeage de Stroetmann crée la stupeur dans le microcosme bonnois.

Ce coup d'éclat passé, deux dossiers l'attendent : les négociations sur le consensus énergétique lancées en 1991 par Helmut Kohl, d'une part, et le transport des déchets nucléaires, d'autre part. Elle va alors trouver sur son chemin celui auquel elle succédera à la chancellerie dix ans plus tard.

Première rencontre avec Gerhard Schröder

En Allemagne, la politique énergétique n'est esquissée qu'à grands traits par le gouvernement fédéral qui a essentiellement un pouvoir réglementaire et fiscal pour orienter les investissements. Les industriels et les Länder sont des acteurs autonomes et puissants dans ce jeu complexe. À la fin des années 1990, la filière de la production électrique est contrôlée par cinq entreprises de taille suprarégionale où l'actionnaire public, quand il existe, est régional. Les autres actionnaires sont privés. Quant à la distribution, elle est éclatée entre des milliers d'entreprises locales. Rien à voir avec le monopole national d'EDF en France.

Tout reste en permanence affaire de consensus : entre les autorités publiques et les industriels, entre les Länder et le Bund, entre les partis politiques. Angela Merkel va devoir entrer de plain-pied dans ce jeu de coalitions et de compromis.

Les négociations pour le « consensus énergétique » piétinent face à la résistance d'un certain... Gerhard Schröder, le ministre président de Basse-Saxe, où sont installées d'importantes capacités de production et le site de stockage des déchets nucléaires de Gorleben. Schröder gouverne en coalition avec les Verts. Il s'entendait plutôt bien avec Töpfer. La future chancelière apprend alors à connaître ce redoutable tacticien et communicant hors pair qui entreprend de la faire passer pour une intégriste. « Elle n'est touchée par aucun doute[2] », déclare-t-il après un ultime round de négociation infructueux et alors que les manifestations contre le transport des déchets nucléaires mobilisent des milliers d'opposants.

La physicienne est convaincue que la technologie nucléaire est maîtrisable. Elle vient, de surcroît, d'un monde où l'activisme écologiste était inconnu. Elle sous-estime dans un premier temps la force des résistances suscitées par l'atome. « Il lui manque vingt ans d'expérience [du mouvement] antinucléaire[3] », se moque Joschka Fischer, le leader des écologistes et futur allié de Schröder au niveau fédéral.

D'autre part, les industriels ne sont pas des alliés faciles. Les producteurs d'électricité nucléaire allemands vivent depuis deux décennies dans une atmosphère de guérilla larvée. Ils répugnent à faire de nouveaux investissements. Elle veut les rallier au projet d'EPR. Conçu conjointement par Siemens et Framatome au sein de leur filiale commune NPI, ce nouveau réacteur géant à eau pressurisée est censé offrir de plus grande garanties de sécurité que les centrales existantes. Elle en sera pendant plusieurs années la plus dévouée des avocates. En vain. La filière, en général, préfère continuer à faire tourner les centrales existantes : pratiquement amorties, elles sont extrêmement rentables. L'EPR ne verra jamais le jour en Allemagne.

La ministre rencontre plus de succès sur le dossier du stockage. Au moins dans un premier temps.

Merkel : 1, les écologistes : 0

Après 1986, le stockage des déchets nucléaires est devenu l'otage de l'opposition SPD/CDU. Le site de Gorleben a été choisi en 1977 pour le stockage intermédiaire. En 1994, il est prêt depuis douze ans... mais reste hors service à cause de l'opposition des écologistes.

Le chancelier Kohl qui s'est fait élire sur un mandat de réduction drastique des gaz à effets de serre veut à tout prix maintenir la filière. Il laisse sa ministre passer en force. Au prix d'une mobilisation policière exceptionnelle, le 25 avril 1995, le premier container « Castor », un monstre de six mètres de long, deux mètres de diamètre et plus de 100 tonnes remplis de matière fissile, fait son entrée sur le site au milieu d'une foule de quatre mille manifestants venant de toute l'Allemagne. À 17 heures, il est déposé précautionneusement sur l'un des quatre cent vingt emplacements prévus à cet effet. La ministre accueille la nouvelle avec « satisfaction ». Merkel : 1, les écologistes : 0.

Le match se serait peut-être terminé sur ce score sans l'incroyable maladresse de l'industrie. L'affaire des Castor irradiés va donner à la ministre l'occasion de faire la preuve de son flair politique et de réviser son image de Madone de l'atome.

Le piège

Le 21 avril 1997, Jacques Chirac, sur le conseil du secrétaire général de l'Élysée Dominique de Ville-pin, dissout l'Assemblée nationale… et perd les élections. Un mois et demi plus tard, il installe un socialiste à Matignon. Lionel Jospin fait entrer quelques écologistes au gouvernement, à la mode française, c'est-à-dire sans contrat de coalition. La chef de file des écologistes Dominique Voynet tente de tirer le maximum de sa position de ministre de l'Environnement. Elle entreprend, de l'intérieur de l'appareil politico-administratif, de faire rimer nucléaire avec transparence.

À peine entrée en fonctions, elle demande à la direction de la sûreté des installations nucléaires (DSIN), normalement chargée uniquement du contrôle des centrales françaises, de s'intéresser également aux conteneurs pleins d'uranium usagé qui arrivent à l'usine Cogema de La Hague pour y être retraités et renvoyés en Allemagne. Les radiations excèdent effectivement les niveaux autorisés. À Paris, Dominique Voynet tire la sonnette d'alarme. Son homologue de l'Industrie, Christian Pierret, temporise. Avec Bonn, la communication est compliquée.

Le 24 avril 1998, le téléphone sonne au ministère de l'Environnement à Bonn[4]. Au bout du fil, un fonctionnaire de la DSIN informe tant bien que mal son homologue allemand que des niveaux de radiation anormaux, de 3,5 à 5,5 fois le niveau autorisé, ont été constatés sur certains wagons et conteneurs venant de la République fédérale. Ce dépassement touche un tiers des transports. Le message crée de la confusion. Il met du temps à percoler.

Une semaine après l'alerte, Angela Merkel convoque à Bonn les dirigeants des grands producteurs d'électricité du pays. Elle apprend de leur bouche que le problème est connu des spécialistes depuis des années. Les différences de niveau de radiation entre la France et l'Allemagne s'expliquent par un phénomène physique, une sorte de transpiration de la radioactivité qui fait que les conteneurs partis « propres » de Bade-Wurtemberg arrivaient contaminés à La Hague. Mais les grands patrons assurent qu'eux-mêmes viennent de le découvrir. Stupeur.

La presse est pleine des « larmes » radioactives des containers Castor. L'opposition demande la démission de la ministre. Elle se défend : « La pollution radioactive a été constatée en France, et c'est bien là que se trouve le problème : nous aurions dû être informés plus tôt par les autorités françaises[5]. » En d'autres termes : la DSIN n'a pas fait son travail sous le gouvernement Juppé. En réalité la filiale allemande de la Cogema, NTL, chargée du transport, disposait des données... mais les a réservés à ses clients (les exploitants de centrales). Ni le transporteur, la Deutsche Bahn, ni *a fortiori* les autorités de contrôle n'étaient au courant.

« Bouche cousue »

La ministre est consternée. « Je me suis sentie dupée[6] », racontera plus tard Angela Merkel. En dépit de la connaissance qu'elles avaient du problème, les entreprises n'avaient « rien fait pour améliorer les containers ». Elle leur enjoint de s'expliquer. Elle interrompt tout nouveau transport de déchets. Puis elle attend. Le temps joue pour elle. Nous sommes en mai 1998. Des batteries de tests confirment que la contamination n'était pas du côté allemand de la frontière. « Tout avait été examiné. Les transports auraient pu reprendre normalement », notamment vers les sites de stockage intermédiaire, raconte une source proche de la chancellerie à l'époque. « Mais elle ne décidait pas. Elle laissait aller. Au mois de juillet-août, les industriels sont venus voir le chancelier. Ils ont dit : "Maintenant, il nous faudrait l'autorisation de reprendre parce que les dépôts intermédiaires près des centrales sont pleins." Elle, elle restait bouche cousue sous prétexte qu'en année électorale on ne fait pas de vagues. Évidemment le chancelier ne pouvait décider quatre ou six semaines avant les élections de reprendre les transports. Du coup, elle a fait une passe splendide aux écologistes et aux sociaux-démocrates », raconte cette source.

Quand Gerhard Schröder arrive au pouvoir le 27 octobre 1998, il dispose, avec son ministre de l'Environnement Jürgen Trittin, d'un instrument de chantage comme ils n'auraient jamais osé en rêver. Le *deal* est simple : on vous autorise à reprendre les transports pour vider vos piscines qui débordent de déchets mais en contrepartie on négocie une sortie planifiée du nucléaire. Le 11 juin 2001, le chancelier social-démocrate signe l'accord de sortie avec les quatre grandes entreprises électriques du pays. Angela Merkel lui aura finalement préparé le terrain.

L'affaire des transports Castor l'a-t-elle déjà convaincue à l'époque qu'il faudrait, à terme, se passer de cette source d'énergie ? Elle en retient en tout cas l'incroyable arrogance des patrons qu'elle a appris à côtoyer. L'industrie « l'a payé cher[7] », dira-t-elle.

Pendant cette crise aiguë, le chancelier Kohl lui a laissé la bride sur le cou. « Ils avaient une relation un peu particulière. Il la protégeait mais en même temps son message était : "Maintenant tu dois apprendre à nager toute seule" », raconte un connaisseur de la scène politique allemande. Le 27 septembre 1998, le SPD et les Verts remportent les élections. Helmut Kohl, qui s'était présenté pour un cinquième mandat, quitte la présidence de la CDU qu'il occupait depuis 1973. Il installe à sa place son dauphin, Wolfgang Schäuble et, à la surprise générale, une certaine Angela Merkel au secrétariat général. Pour la dernière fois, le géant du Palatinat fait la courte échelle à sa protégée. Après l'apprentissage du gouvernement commence pour elle la conquête du parti.

Partie 4

PRÉSIDENTE

1.

L'HÉRITIÈRE « INTRANQUILLE »

À soixante-huit ans, après seize années au pouvoir, le champion de la droite était un homme usé. Helmut Kohl avait face à lui un homme de quatorze ans son cadet, maître en communication comme la République fédérale en a peu connu. Gerhard Schröder, le candidat social-démocrate, était l'incarnation de cette Allemagne décomplexée qui n'avait pas connu la guerre, le représentant typique de la « Generation Toscana », qui passait ses vacances dans le Chianti et s'habillait en costumes Brioni[1]. C'était une sorte de Nicolas Sarkozy allemand : aimant la vie et l'argent, orateur virtuose, séducteur, vibrionnant, superficiel. L'anti-Kohl.

L'erreur de Kohl

Le duel aurait pu être différent. À la chancellerie, certains plaidaient pour la formation d'un tandem entre Kohl et Wolfgang Schäuble, son ministre de l'Intérieur et président du groupe parlementaire CDU au Bundestag. « Kohl aurait dû dire : "Je reste deux ans, jusqu'en 2000, pour faire l'euro[2], et ensuite je passe la main à Schäuble" », raconte un acteur de la politique allemande. Ce n'est pas l'option retenue. À la surprise générale, Kohl avait annoncé à la rentrée 1998 sa candidature pour un cinquième mandat. Cette décision malheureuse et la défaite qui s'ensuit va, contre toute attente, se traduire par un « bond en avant dans la carrière[3] » d'Angela Merkel.

Kohl a hésité avant de faire le choix de se représenter seul. Au début de 1998, son épouse, Hannelore, faisait passer le message auprès des collaborateurs du chancelier : il ne se représentera pas, il me l'a promis, allez vous trouver une place ailleurs.

Mais il n'y a pas pléthore de candidats. En fait, il n'y en a qu'un seul : Wolfgang Schäuble qui préside depuis 1991 le groupe de la CDU au Bundestag. Cela en fait l'homme le plus puissant du parti après Kohl. Victime de l'agression d'un déséquilibré qui lui a sectionné la moelle épinière, il circule en chaise roulante depuis 1990. Certains considèrent ce handicap rédhibitoire. D'autres pas. Le précédent de Franklin Roosevelt, élu et réélu président des États-Unis malgré les suites dramatiques de sa poliomyélite, plaident en sa faveur. Mais sur le fondement d'une enquête d'opinion, dont les résultats révélaient un « malus » de 5 à 6 % à cause de ce handicap, Kohl aurait finalement tranché pour une nouvelle candidature.

« Je ne m'y attendais pas »

À défaut de hisser son dauphin à la chancellerie, le roi déchu le désigne comme son successeur à la tête du part. « Nous devions trouver un secrétaire général », raconte Elmar Bork, député européen et membre du directoire de la puissante fédération CDU de Rhénanie du Nord-Westphalie. « Nous en avions parlé avec Wolfgang Schäuble. Il y avait des candidats, certains que l'on aimait bien, d'autres que l'on aimait moins. » Parmi les candidats, Volker Rühe, qui avait occupé le poste six ans plus tôt. Selon Gerd Langguth, le nouveau président désigné redoute la concurrence de cet ancien ministre de la Défense. « Il était moins prévisible », estime le biographe de la chancelière, lui-même ancien député CDU. « La discussion a tourné, comme elle le fait toujours, à un jeu d'élimination de ceux dont les soutiens de Schäuble ou Schäuble lui-même ne voulaient pas. C'est alors que nous en sommes venus à l'idée de proposer Angela Merkel », ajoute un protagoniste de cette transition. Dans les jours qui précèdent le congrès de Bonn de 1998, Wolfgang Schäuble fait son choix et fait campagne pour l'ancienne ministre de l'Environnement. Rühe est écarté et poursuivra une honnête carrière parlementaire. Merkel est élue haut la main. Elle est seule candidate.

« C'était une question d'équilibre dans le parti. L'idée de mettre une Est-Allemande en position de responsabilité a aussi joué un rôle. Mais ce qui a certainement emporté la décision, c'était son intelligence. Et à l'époque, rares étaient ceux qui pensaient qu'elle allait monter jusqu'aux étoiles et devenir présidente du parti ou chancelière. Je pense qu'elle a été elle-même surprise que Schäuble lui propose le poste », raconte le député européen Elmar Brok.

Réélue dans sa circonscription, Merkel aspirait plutôt à d'autres fonctions quand le nouveau président l'a contactée. « Je ne m'y attendais pas. J'étais plus attirée par la vice-présidente du groupe parlementaire… et cette proposition intéressante arriva[4] », raconte-t-elle. Selon Gerd Langguth, trois éléments motivent cette décision. D'abord, l'ancienne ministre de l'Environnement se montrerait plus maniable qu'un des caciques du parti. Ensuite, elle marquait une rupture avec le « système Kohl » auquel Schäuble, pour en avoir été la cheville ouvrière, savait mieux que personne qu'il fallait mettre fin. Enfin, le nouveau président s'était bien entendu avec sa consœur pendant les huit années passées ensemble au gouvernement. Ils partageaient certaines options politiques, comme la possibilité d'introduire un « impôt écologique » sur l'essence, question ô combien délicate dans un pays voué plus qu'aucun autre en Europe au culte de la voiture.

Le mandat de la nouvelle équipe dirigeante de la CDU s'ouvre sur une impressionnante série de victoires dans les élections régionales. Hesse, Sarre,

Saxe, Thuringe : partout la CDU garde ou reprend le pouvoir, seule ou en coalition. La secrétaire générale n'a que des bonnes nouvelles à annoncer.

Le système Kohl en accusation

Pourtant, des nuages s'accumulent à l'horizon. Pendant un moment, on a cru que l'orage exploserait suite aux investigations dans l'« affaire Leuna », la privatisation au bénéfice du groupe français Elf-Aquitaine, d'une raffinerie à Leuna et du réseau de stations-service est-allemand Minol. En France, Loïc Le Floch-Pringent et Alfred Sirven sont condamnés pour leur rôle dans le versement de pots-de-vin pour une petite cinquantaine de millions dans le rachat de cette raffinerie est-allemande pour 2 milliards d'euros (dont un de subventions publiques allemandes).

Côté allemand, malgré une couverture exceptionnelle de l'affaire par la presse, l'enquête se terminera dans les sables. L'affaire est classée par la justice en 2003. On ne saura jamais où est allé l'argent d'Elf. Mais l'atmosphère est lourde. Günther Krause, chargé comme ministre des Transports de superviser l'opération Minol, ne survivra pas aux soupçons. Ainsi disparaît le dernier concurrent d'Angela Merkel dans la catégorie des nouvelles-recrues-est-allemandes-de-la-CDU.

La justice continue toutefois de se pencher sur le financement de la CDU. Son doigt s'arrête sur deux de ces grands contrats qui font la une des journaux : la vente de chars à l'Arabie Saoudite et une livraison d'Airbus. Le 3 août 2009, le Canada livre à l'Allemagne un certain Karlheinz Schreiber, lobbyiste et intermédiaire spécialisé dans le commerce des armes. L'homme assure avoir versé un million de marks à celui qui fut pendant près de vingt ans (de 1971 à 1992) le trésorier de la CDU : Walther Leisler Kiep. Outre Kiep, un dirigeant du groupe Thyssen et un fonctionnaire des services de renseignement et secrétaire d'État à la Défense sont bientôt mis en examen. Le million suspect provient de l'entreprise Thyssen. Remis en liquide sur un parking suisse, il a ensuite été partagé entre Kiep et deux autres personnes. Il n'a jamais atterri dans les caisses du parti, mais a probablement été déposé sur un compte en Suisse.

La gravité de l'affaire déclenchée par l'arrestation de Karlheinz Schreiber tient au fait qu'elle vise directement le chancelier. Le « million de Schreiber » n'est pas juste une affaire de corruption de plus. Elle tache directement les habits du chancelier. Elle atteint le symbole et l'institution. On ne saura jamais – c'est d'ailleurs tout le sel de cette histoire où se mêlent orgueil, honneur et ambition – d'où venait cet argent.

« Moi, je suis le con, là »

Les caisses noires et autres fonds *ad hoc*, corollaires de la toute-puissance de l'exécutif sous la

Ve République, sont plutôt une spécialité française dans les années 1980. En Allemagne, régime parlementaire s'il en est, rien ne doit pouvoir échapper à la curiosité de l'instance budgétaire suprême : le Parlement. Cette règle qui s'impose à tout le gouvernement supporte néanmoins une exception : le fonds spécial des Affaires étrangères, dont le ministre dispose seul et de façon discrétionnaire sous le seul et unique contrôle de la Cour des comptes. Le ministre en question est, de surcroît, un allié de coalition et un concurrent politique : Hans-Dietrich Genscher, figure historique du parti libéral et vice-chancelier. Le chancelier est jaloux.

Il s'en ouvre un jour à un acteur de la politique allemande. Celui-ci rapporte les propos de Kohl : « Mais c'est quand même curieux. Moi, je suis le président du plus grand parti, je suis le chancelier de la République fédérale et je n'ai pas de fonds comme ça. Moi, je suis le con, là. J'aimerais bien disposer d'un petit fonds[5]. » Il va essayer. La voie institutionnelle est bouchée : rattacher un tel fonds à la fonction de chancelier serait particulièrement périlleux pour des raisons constitutionnelles évidentes. Il ne peut y avoir de deuxième exception. Reste la voie du parti. Au congrès de la CDU qui suit cette « prise de conscience », il essaye de vendre son idée d'un « fonds à la disposition du président ». En vain. « Il a tout de suite laissé tomber face à la résistance », rapporte cette source.

En fait de « laisser tomber », il se fait créer ce fonds en toute illégalité et dans le plus grand secret.

Au diable la prudence ! Ces « donations à titre personnel » ne financent ni dépenses somptuaires, ni vacances de luxe, ni maison, ni piscine, ni divorce. Elles financent une sorte de clientélisme interne au parti, qui permet au président d'augmenter encore son emprise sur « sa » machine. Une partie va à l'équipement des fédérations est-allemandes de la CDU. On a du mal à croire qu'il ait fallu recourir à des fonds illégaux pour acheter ordinateurs et voitures à la CDU est-allemande, mais les enquêtes ultérieures confirmeront bien qu'une partie de cet argent est parti dans les nouveaux Länder. Le chancelier aurait fait aussi quelques dons plus personnels, comme par exemple le financement d'une coûteuse opération chirurgicale de la dernière chance, aux États-Unis, au bénéfice d'un chef régional de la CDU atteint d'un cancer. Sa caisse d'assurance-maladie ne remboursait pas le voyage, lui-même ne pouvait pas le financer, Kohl l'aurait payé.

Voilà pour le « petit fonds » de Kohl.

L'insoutenable ignorance de la secrétaire générale

Quand le parquet d'Augsbourg délivre un mandat d'arrêt contre Walther Leisler Kiep, le 4 novembre 1999, la secrétaire générale de la CDU est encore persuadée que l'affaire se limite au « million de Schreiber, c'est tout ». Elle n'a pas pris la mesure du scandale. « Ce n'est que le lendemain que j'ai compris que l'affaire devait être bien plus importante. Ce n'était pas très clair. Une partie des médias disposait d'informations que je n'avais pas... Tout ce que j'arrivais à savoir dépendait de ce que publiait le quotidien *Süddeutsche Zeitung.* Cela signifiait que j'étais totalement dépendante des éléments extérieurs[6] », dira-t-elle.

Selon la journaliste Evelyn Roll, une vingtaine de millions de marks de commissions d'origines diverses auraient transité via des caisses noires et autres comptes en Suisse de la CDU ou de ses dirigeants pendant « les années Kohl ». Vingt millions de marks. Environ soixante-six millions de francs (environ dix millions d'euros). C'est peu, quand on pense aux sommes colossales essorées, en France, sur les ventes d'armes à l'Angola, la passation des marchés publics d'Île-de-France (affaire Urba) ou l'affaire Karachi. Soit les Allemands sont vraiment plus vertueux, soit leurs juges n'ont pas bien cherché.

Toujours est-il que l'affaire des « dons » à la CDU n'a jusqu'à aujourd'hui jamais été complètement éclaircie. De l'autre côté du Rhin, on libère beaucoup sous caution dans les affaires politico-financières allemandes. Cela n'aide pas à l'établissement de la vérité. Le personnage central de l'affaire des « Spende » de l'ère Kohl, Walther Leisler Kiep, trésorier de la CDU pendant presque trente ans, a pu fêter royalement ses soixante-quinze ans début 2001 avec le gotha de la politique, droite et gauche, venu honorer ce vieux routier.

Alors que l'affaire bat son plein à l'automne 1999, Angela Merkel réalise à l'époque à quel point elle est une étrangère dans ce parti. Toute la vieille garde de l'Ouest est, à des degrés divers, au courant des pratiques rendues possibles par le sens de l'organisation et l'entregent du trésorier Kiep. Et pour cause, cet argent était en partie destiné à fluidifier les relations au sein du parti et à le souder autour de son président. Non seulement elle est impuissante à contenir cette crise dont elle ne maîtrise rien mais en plus elle est en train d'assister en direct à l'autodestruction de son propre véhicule politique. La rétention d'informations à l'intérieur du parti est non seulement suprêmement irritante, mais aussi dangereusement contreproductive. Sous la pression des médias, l'*omertà* commence à reculer.

Le 26 novembre 1999, l'ancien secrétaire général de la CDU, Heiner Geissler, le même qui a présenté Merkel à Kohl neuf ans plus tôt, admet que les caisses noires n'étaient pas une pratique exceptionnelle dans le parti. Offices et comptes en Suisse étaient légion.

Le 16 décembre 1999, devant des téléspectateurs consternés, Helmut Kohl endosse finalement la responsabilité politique de l'affaire Schreiber… mais il refuse de confier le nom des donateurs. Il a donné sa « parole d'honneur » de les ou le garder secret(s).

Ce refus de collaborer va être la goutte d'eau qui fera déborder le vase.

2.

LE COUP DE MAÎTRE

Dans l'histoire politique allemande, le 22 décembre est un anniversaire, celui du « putsch » d'Angela Merkel contre son mentor. Ce jour-là, en 1999, la *Frankfurter Allgemeine Zeitung*, l'honorable quotidien de centre-droit, publie une lettre ouverte de la secrétaire générale de la CDU dans laquelle elle accuse Kohl de nuire au parti[1] et appelle celui-ci à s'émanciper de son « vieux cheval de bataille ».

Angela Merkel a alors quarante-cinq ans dont à peine dix consacrés à la politique. Helmut Kohl, soixante-neuf ans, incarne à lui tout seul près de deux décennies d'histoire allemande et vient de passer plus de vingt-cinq ans à la tête du premier parti politique du pays. Comment la première trouve-t-elle la force de faire basculer ce géant dans le trou béant du passé ? Grâce à un système de poulies intelligent. Elle agit comme un navigateur capable de border une voile de 50 mètres carrés par gros temps : par un système de démultiplicateurs de force particulièrement astucieux.

Son coup est un chef-d'œuvre de mécanique politique.

L'impasse

Quand Angela Merkel se décide à publier sa
lettre, il s'est déjà passé beaucoup de choses dans
cette affaire de financement occulte : des mandats
d'arrêt ont été délivrés, les juges enquêtent, le Bundestag a procédé à des heures et des heures d'audition, la CDU elle-même a fait pratiquer un audit
indépendant de ses comptes. On ne sait pas tout,
mais déjà beaucoup sur les multiples officines et
comptes en Suisse qui ont proliféré sous le règne
du trésorier Kiep. Pourtant l'affaire semble ne
jamais devoir finir. La CDU s'enfonce, encore et
encore, dans une spirale de la suspicion. Aucune
conférence de presse, aucun communiqué, aucun
rapport ne semble pouvoir effacer la souillure du
scandale. La secrétaire générale du parti est bien
placée pour le savoir, elle qui affronte, en première
ligne, l'insatiable curiosité de la presse. Elle est
dans une impasse. Le parti résiste. Elle veut briser
cette résistance, « sortir de cette sorte d'emprison-
nement » et « retrouver une liberté de mouvement »[2].

Dans le parti, tous ou presque sont mouillés. Elle
doit donc agir seule. Isolée à l'intérieur, elle se
cherche des alliés à l'extérieur. Ce sera la presse,
grâce à laquelle elle va prendre l'opinion publique,

la société civile, l'Allemagne, en somme, à témoin et exercer une pression en retour sur le parti.

Le déclic

Quand cette stratégie a-t-elle exactement pris forme dans son esprit ? Elle ne le dit pas. Helmut Kohl l'excédait depuis longtemps, tout comme il excéda Wolfgang Schäuble, à force de continuer à agir, en tant que président d'honneur, comme s'il avait toujours des fonctions exécutives. Mais c'est probablement l'interview de l'ancien chancelier, le 16 décembre, dans laquelle il refuse la vérité à son parti, à la justice, au Bundestag, mais aussi aux Allemands eux-mêmes, qui provoque un déclic.

Le 21, le journaliste Karl Feldmeyer, qui suit le Parlement au bureau berlinois du quotidien *FAZ*, reçoit un coup de fil d'Angela Merkel. La secrétaire générale lui annonce qu'elle veut prendre position dans l'affaire du financement de son parti. Elle lui propose soit un entretien, soit une tribune[2]. La *FAZ* ne goûte guère le format questions-réponses. On se met donc d'accord immédiatement sur une lettre ouverte… laquelle tombe cinq minutes plus tard sur le fax de la rédaction. Elle était prête.

Le texte cinglant et implacable que publie la *FAZ* vise directement l'ex-chancelier et les « dommages » que les affaires qu'il a lui-même reconnues ont « infligé au parti ». Mais il est plus que l'assassinat politique de Kohl. C'est un « signal d'alarme[3] », comme le dira plus tard son auteur, un appel au sursaut adressé à des dirigeants qui ont perdu leurs repères politiques et moraux.

« *Quitter la maison* »

Angela Merkel commence par détromper ses propres partenaires qui s'entretiennent les uns les autres dans l'idée que l'issue de la crise est proche. Le parti se leurre, leur dit-elle, s'il croit s'en sortir avec quelques mots d'excuses et des commissions d'enquête. Elle leur dit la dimension tragique (le mot est répété trois fois) de la situation. Puis elle glisse sur le registre moral. Vous avez perdu tout sens commun, leur dit-elle, en substance. « Le parti a une âme. C'est pourquoi, pour nous, l'alternative ne peut pas être entre "expliquer les fautes" et "sauvegarder l'héritage"… Il n'y a que sur un fondement véritable qu'il est possible de construire l'avenir », écrit-elle. L'héritage doit donc être liquidé. « Un tel processus ne va pas sans blessures, sans écorchures », écrit-elle.

Elle invite la CDU à penser l'« apparemment impensable » – c'est-à-dire s'arracher à Kohl – et à considérer cet acte non plus comme « violation de la foi jurée » que l'on « condamne » mais comme une « évolution fluide ». Au lieu d'adorer une idole, il est temps de sauver son âme.

Elle ne demande pas au parti de jeter Kohl dehors, mais de le laisser là où il est et de suivre « son propre chemin ». À l'image du justicier, elle préfère celle de l'adolescent qui quitte la maison. Plus rebelle que donneuse de leçons. « Comme quelqu'un à la puberté, le parti doit quitter la maison, suivre son propre chemin et il sera toujours auprès de celui qui l'a si durablement imprégné – peut-être plus encore dans le futur qu'aujourd'hui », écrit-elle.

En lisant cette phrase, on ne peut s'empêcher de penser à l'adolescente, qui s'installe à treize ans dans une chambre séparée de l'appartement familial, dans le vaste domaine du Waldhof, impatiente de quitter Templin et l'autorité pesante de son père, de penser aussi à l'étudiante ambitieuse qui préfère Leipzig à Berlin jugé trop près de la maison, et à la jeune chercheuse qui frappe à la porte de son confrère à Berlin, après sa séparation. Angela Merkel projette sur le parti sa propre force d'émancipation.

Mais pour entraîner le mastodonte qu'est la CDU dans ce mouvement, sa seule volonté ne suffit pas. Il faut un démultiplicateur de force. La presse va jouer ce rôle. « La presse de boulevard, les hebdomadaires, une grande partie des quotidiens – tous donnent raison à Merkel[4] », écrira l'hebdomadaire *Die Zeit* en 2009 à l'occasion des dix ans de « la lettre ».

Elle reconnut plus tard qu'elle n'avait jamais pris de plus grand risque politique qu'en appuyant le 21 décembre 1999 sur la touche « envoi » de son fax. Et « ça a marché[5] », ajoutera-t-elle.

Effet de surprise

Le coup d'essai est un coup de maître. « Sans cet article Angela Merkel ne serait probablement pas devenue présidente de la CDU et par voie de conséquence pas chancelière non plus », écrira Michael Schlieben. « Dès la semaine de sa publication, le texte [...] a été considéré comme historique », ajoute-t-il. Il va entraîner une extraordinaire réaction en chaîne.

Dans le parti, c'est la stupeur. « J'étais surpris et pas content », raconte Elmar Brok. Volker Rühe, ancien ministre de la Défense et vice-président de la CDU, dénonce un acte de défiance. Il avait été un an plus tôt le concurrent malheureux d'Angela Merkel au poste de secrétaire général. Une poignée de caciques adopte une position savamment ambiguë, à l'instar des deux barons régionaux Roland Koch et Jürgen Rüttgers, respectivement présidents de la CDU de Hesse et de Rhénanie du Nord-Westphalie, qui prétendent aux plus hautes fonctions et ne savent pas trop comment se préparer à la liquidation du système Kohl.

La base du parti, lasse du scandale, se range derrière la secrétaire générale. La nouvelle génération aussi, à l'instar de Friedrich Merz. « Je soutiens chaque phrase » de la lettre, dit cette étoile montante et vice-président du groupe CDU au Bundestag, d'un an à peine le cadet de Merkel.

En bravant l'*omertà*, Angela Merkel a magistralement repris le pouvoir. Ceux qui la laissaient se débattre sont pris de court. Pour une fois, elle n'a pas attendu que l'on vienne la chercher. Elle a joué avec un coup d'avance.

Matthias Deis est de ceux qui, dès décembre 1999, ont compris l'onde de choc déclenchée par cet « affront calculé ». Dans un article visionnaire intitulé « Le parti se tait[6] », il parle d'un « document historique » et anticipe la suite avec une intuition peu commune. Le journaliste de *Die Zeit* a tout vu et tout prévu : la chute prochaine du président de la CDU, Wolfgang Schäuble, et la prise de pouvoir de sa secrétaire générale, le changement de régime.

Merkel assure que son acte était le fruit de la nécessité, qu'elle n'avait pas d'autre choix que d'agir seule et par surprise, à l'insu du président de son parti qui se contenta d'exprimer *a posteriori* sa « surprise ». « Lui demander l'autorisation ? Il aurait certainement dit non. Je n'aurais pas réussi à le convaincre », dira-t-elle. Et d'ajouter : « J'ai écrit cet article pour l'aider… Je voulais [lui] permettre… de profiter d'un espace de liberté plus important, afin que nous passions d'une position défensive à une position offensive. Et je me suis battue jusqu'au dernier moment pour que Wolfgang Schäuble reste président du parti et du groupe parlementaire[7]. »

D'une pierre, deux coups

Schäuble n'en sera pas moins la principale victime de ce coup et des remous qu'il provoque. Selon Gerd Langguth, la secrétaire générale s'attendait à ce que l'affaire des dons fasse finalement tomber Schäuble. Sans citer sa source, il assure qu'« elle savait ce qui était alors inconnu du public », à savoir qu'il avait touché une enveloppe de 100 000 marks en liquide à Bonn…, information qu'il avait dans un premier temps démenti lors d'une audition parlementaire. Elle a commis, écrit-il, un acte de « déloyauté[8] ».

Entre la candide bonne volonté et la pure manipulation, une troisième hypothèse est possible : l'acte de Merkel déstabilise son président parce qu'il est un démenti cinglant, une critique radicale de sa méthode. Jusqu'alors, Schäuble a tout misé sur la persuasion à l'égard de l'ancien chancelier, convaincu qu'il finirait par entendre raison et par collaborer enfin à la liquidation de son propre système. Il pèche lui-même par excès de loyauté.

Le fait est qu'un mois après avoir assuré le contraire devant une commission du Bundestag, Wolfgang Schäuble reconnaît avoir reçu cet argent. Le 16 février 2000, en même temps qu'il présente ses excuses, il annonce sa démission. Son mensonge aura été son ultime erreur, la preuve de ses contradictions et de l'impossibilité, comme l'a écrit Merkel dans la *FAZ*, de protéger l'héritage tout en élucidant les erreurs. Son message aura été : inutile de chercher le pardon dans le secret du confessionnal, il faut le gagner par l'action.

La presse verra dans les « louvoiements » de Schäuble la continuation de sa « relation tragique avec l'ancien chancelier[9] ». Ce tragique, Merkel l'a également saisi. Il se confirme début 2000 quand Helmut Kohl retourne sa colère contre son propre dauphin au lieu de viser sa fille adoptive. L'ancien chancelier est convaincu qu'il est victime d'une conspiration et ne croit pas Schäuble quand celui-ci assure qu'il n'avait « aucune idée[10] » de ce qui se préparait. La lettre du 22 décembre débouche ainsi sur un duel à mort entre le mentor et le principal concurrent d'Angela Merkel ! Elle va les abattre ensemble. D'une pierre, deux coups.

Qu'Angela Merkel ait prévu l'enchaînement précis des événements qui l'ont portée à la tête du parti est peu probable. Qu'elle ait eu conscience que son acte pouvait entraîner une réaction en chaîne lui ouvrant de nouveaux angles de tir est en revanche vraisemblable. Comme elle le dit, le départ de Schäuble résultait d'une « évolution logique[11] ». Une évolution qu'elle avait largement encouragée.

3.

ÉTRANGÈRE EN SON PROPRE PARTI

Le 10 avril 2000, Angela Merkel est élue présidente de l'Union démocrate-chrétienne. Le congrès se déroule à Essen, ancien foyer charbonnier de la région de la Ruhr. Le score est sans appel : 897 voix sur 935. Elle était seule candidate. Elle n'est finalement restée secrétaire générale de la CDU que dix-sept mois. Sa victoire est à la hauteur du « risque total » qu'elle a pris en appelant le parti à un sursaut quatre mois plus tôt. « Si elle avait perdu, le jeu aurait été terminé pour elle », dit un élu de son parti. Mais elle a gagné et, pour elle, le jeu s'ouvre au contraire, comme jamais.

La victoire de « Jeanne d'Arc »

A-t-elle été portée par l'euphorie de cet incroyable « coup » de décembre 1999, quand elle s'est lancée dans cette course à la présidence ? Elle assure que non. « Je ne me suis pas précipitée. Je sentais qu'une mouvance se dessinait en ce sens », racontera-t-elle. Pour gagner cette élection, elle s'est contentée d'appliquer la même méthode : jouer la base contre l'appareil. Coup de chance : une série de conférences régionales était prévue pour préparer le congrès d'Essen. Elle a parcouru l'Allemagne en tout sens, à la rencontre des six cent mille adhérents du parti. Elle a surfé sur sa réputation de « Jeanne d'Arc », de rénovatrice, de candidate « hors système ». Son empathie, son sens du contact, sa simplicité ont fait le reste. « L'idée prédominante était que le parti courait à l'impasse et qu'il devait trouver une autre voie[1] », dira-t-elle. La presse, y compris celle de gauche, l'a soutenue en la faisant favorite. Au point que c'en était embarrassant. En somme, elle s'est imposée dans son propre camp contre les mentors du parti. Moins de deux mois se sont écoulés entre la démission de Schäuble et le congrès d'Essen.

Les barons régionaux ont été pris de court et n'ont pas pu préparer une candidature plus « traditionnelle ». Mais ils y ont pensé. Quelques semaines avant le vote, quatre des principaux dirigeants du parti : Volker Rühe, Friedrich Merz, Edmund Stoiber et Kurt Biedenkopf[2] s'étaient retrouvés dans la ville hanséatique de Lübeck pour imaginer une alternative, la candidature du ministre-président d'un Land, par exemple Biedenkopf, le « roi de Saxe ». Ce projet de « complot » a finalement été ébruité. Il aura servi l'image de réformatrice de Merkel.

Sa jeunesse, la rapidité de son ascension et son sexe suscitent des interrogations sur sa capacité à diriger le premier parti d'Allemagne. Elle reste « une fille dans un club d'hommes[3] ». Pendant ces premières années, son principal défi va être d'occuper le vide qu'elle-même a créé par le départ de Kohl et l'élimination de Schäuble. Si elle a réussi à monter sur la plus haute marche, elle ne contrôle pas toutes les commandes du parti. Loin s'en faut. La présidence du parti et celle du groupe politique CDU au Bundestag, réunies sous Schäuble, se retrouvent à présent séparées : Friedrich Merz devient l'homme fort de la CDU au Bundestag. Elle ne garde « que » le parti lui-même. Elle doit prendre garde de ne pas finir elle aussi au bûcher.

Débuts chaotiques

Or, passé le plébiscite de Hanovre, les difficultés commencent. Le 14 mai, la CDU est distancée une nouvelle fois par la coalition entre sociaux-démocrates et écologistes dans le plus grand Land allemand, la Rhénanie du Nord-Westphalie. Or dans l'Allemagne fédérale, la fonction d'un parti politique est autant d'assurer la victoire de ses dirigeants aux élections locales que de conquérir la chancellerie. C'est d'autant plus vrai de cette immense région occidentale de dix-huit millions d'habitants (près du quart de la population) qui produit un cinquième de la richesse du pays. Angela Merkel, qui vient de prendre ses fonctions, ne peut certes être tenue pour responsable de la défaite. Mais l'augure est mauvais.

Le 14 juillet 2000, la chambre haute du Parlement, le Bundesrat, qui réunit les représentants des Länder, doit se prononcer sur la réforme fiscale défendue par le gouvernement social-démocrate de Gerhard Schröder. La droite est majoritaire au Bundesrat, ce qui crée une situation de « cohabitation », au moins au sujet des textes qui doivent être votés par les deux chambres. Mais ce qui aurait pu être une démonstration de force de l'opposition va se transformer en « mauvaise comédie du fédéralisme[4] », comme l'écrit alors l'hebdomadaire *Die Zeit*.

Les intérêts régionaux prennent le pas sur la discipline partisane. Les régions les plus dépendantes des fonds régionaux, comme Berlin et le Brandebourg, deux Länder orientaux, pourtant pilotées par la droite, sont enclines à voter en faveur de la réforme. Mais la direction du parti, dominée par des personnalités ouest-allemandes et par des dirigeants de Länder plus prospères que ceux tentés par les « cadeaux » de la réforme fiscale, n'a pas vu venir le coup.

La présidente pencherait plutôt en faveur d'une coopération raisonnable avec le gouvernement social-démocrate sur des réformes qui servent la compétitivité du pays et sont saluées par les milieux économiques. Ce n'est l'avis ni de Merz ni de Stoiber, le tout-puissant ministre-président bavarois, qui jouent une carte plus droitière. Or la capacité d'Angela Merkel, en tant que présidente de parti, à piloter les élus régionaux et influer sur un vote au

Angela Merkel,
petite fille, 1958.
Les parents d'Angela
ont quitté Hambourg
pour l'Allemagne de
l'Est quand elle n'avait
que quelques mois.

© akg-images / ullstein bild

Le Waldhof,
perdu dans la plaine
du Brandebourg,
à une centaine de
kilomètres au nord
de Berlin.
Le père d'Angela
dirigeait ce vaste
domaine à la fois
centre de formation
des pasteurs
et résidence pour
handicapés mentaux.

© D.R.

À 36 ans, Angela Merkel devient la porte-parole adjointe du dernier gouvernement de la RDA, sous Lothar de Maizière, qu'elle accompagne dans un tour des capitales européennes.

Pour le chancelier Helmut Kohl, elle remplit un triple quota : femme, de l'Est et jeune. Il la fera deux fois ministre : des Femmes en 1990 et de l'Environnement en 1994.

Le 10 avril 2000, trois mois et demi après avoir publié sa célèbre lettre ouverte où elle appelle son Parti à rompre avec Helmut Kohl, Angela Merkel est élue présidente de la CDU à 43 ans.

Worms

ens

Schäuble

Me

Le 22 novembre 2005, elle parvient enfin à se faire élire chancelière par le Bundestag, à la tête d'une coalition avec les socio-démocrates. Gerhard Schröder lui passe le relais.

© akg-images / ullstein bild.

Avec son mari Joachim Sauer, chimiste et mélomane, on la voit à Bayreuth (ici en 2009) ou dans les salles de concert de la capitale allemande.

© akg-images / ullstein bild.

© akg-images / RIA Nowo

En juin 2007, Angela Merkel reçoit les dirigeants du G8 à Heiligendamm au bord de la Baltique. De gauche à droite, Nicolas Sarkozy, Vladimir Poutine, George W. Bush et Tony Blair.

Le 8 juillet 2012, à Reims, la chancelière et le président Hollande recomposent, 60 ans après de Gaulle et Adenauer, le couple franco-allemand.

© AFP photo / Pool / François Nascimb

Bundesrat est d'autant plus limitée que sa position est notoirement contestée par ces ténors.

Le doigté du chancelier Schröder a placé la droite devant le dilemme classique. Si elle s'oppose, elle risque d'encourir le reproche d'être dans la pure posture, car la réforme de Schröder embrasse en réalité les thèses ordo-libérales. Si elle se rallie, elle paraît faible. En tant que présidente, elle sera tenue pour responsable de la désunion de l'Union. Finalement, elle ne peut l'éviter. Le jour du vote, le bloc CDU-CSU au Bundesrat éclate, projetant une image d'impréparation et d'opportunisme peu flatteuse.

« L'autorité ne tombe pas du ciel, elle se gagne[5] », persifle un ministre (CDU) du Brandebourg, l'ancien militaire Jörg Schönbohm. « Sa capacité à diriger en est ressortie écornée[6] », écrit Gerd Langguth. Aux yeux de la presse et de l'opinion, un an après le déclenchement des affaires qui a amené le changement de direction, le parti est en pièces. Dans un livre réquisitoire où il démonte le « système Kohl », le jeune député CDU Friedberg Pflüger fait ce constat amer : « Avant nous avions un "Dominator". Maintenant nous avons Merkel, Merz, Stoiber et divers ministres présidents, qui tous se présentent comme des centres de pouvoir différents avec leurs gens et leurs cliques propres[7]. » La division des tâches entre elles et le président du groupe parlementaire est apparue pour ce qu'elle est : un partage du pouvoir. En pratique, elle s'avère difficile.

La présidente tirera une leçon de cet épisode : à la première occasion, elle récupérera le pilotage du groupe au Bundestag et n'aura de cesse de se rapprocher du ministre-président bavarois.

Faible mais lucide

À ces déboires parlementaires s'ajoute une erreur de casting au poste de secrétaire général : Ruprecht Polenz, choisi par Angela Merkel, est remercié après six mois d'un pilotage approximatif du parti. Arrivé sans enthousiasme, il quitte son poste avec soulagement et cède la place à Laurenz Meyer, que la présidente est allée chercher – équilibres régionaux obligent – dans la vaste fédération de Rhénanie du Nord-Westphalie. Meyer n'a pas le profil effacé de son prédécesseur. Il inaugure son mandat par une série de remarques hautes en couleurs et fait sursauter la présidente en la prenant par les épaules. Il s'en ira au bout de quatre ans rattrapé par une affaire d'honoraires versés par un grand groupe énergétique de sa région, RWE.

Elle reconnaîtra plus tard les faiblesses de ce début de présidence. « Après mon élection à la présidence du parti, j'ai affirmé que cette journée était la plus belle de ma vie – pour un certain temps... Mais je n'avais pas encore l'assurance nécessaire d'un chef de parti. » Le costume laissé par Kohl est beaucoup trop grand. Elle doit « gagner en fermeté[8] ». Cette faiblesse aurait pu être fatale à la future chancelière si elle n'en avait pas eu conscience et n'avait pas agi en conséquence. Sa lucidité, sa

146

capacité à saisir ses propres limites s'avère une grande force. Elles lui seront très utiles pour la préparation des élections fédérales de 2002, où elle devra marcher tout près du précipice.

Le putsch désamorcé

En tant que présidente, elle est la candidate naturelle du parti. Mais elle doute elle-même de pouvoir aller à la bataille contre Schröder. En même temps, se retirer d'emblée revient à reconnaître ouvertement qu'elle n'est pas de taille pour le poste. D'autres convoitent sa place. Elle va une fois de plus laisser le danger approcher au plus près, faire mine de tomber dans le piège, pour finalement le déjouer au dernier moment.

La faculté d'attendre, de patienter, d'intégrer ses propres doutes est une qualité rare chez les hommes et les femmes politiques. Elle faisait visiblement défaut à Friedrich Merz. En 2001, le chef du groupe CDU au Bundestag se rêve déjà chancelier. Dès le 1ᵉʳ février 2001, près de deux ans avant l'échéance des élections fédérales, il se lance dans la course, fort de son statut de chef de l'opposition au Bundestag. « Il est dans la nature des choses, que le président du groupe entre en ligne de compte[9] », déclare-t-il. Avec Angela Merkel et le président de la CSU, Edmund Stoiber, soutenu bien au-delà de sa base bavaroise, cela fait donc en tout trois candidats possibles à la chancellerie pour la CDU-CSU. Trois candidats, ce sont deux de trop.

La « K-Frage[10] » pèse comme une chape de plomb sur le parti. Il doit s'écouler encore un an et demi avant les élections. Peu assurée, Angela Merkel n'a rien à gagner à faire trancher cette question tout de suite. Elle laisse monter la pression pendant près d'un an. À Dresde, en décembre 2001, on décide... de décider en janvier 2002.

Les réunions du directoire et du présidium de la CDU, les deux principales instances du parti où les barons régionaux pèsent de tout leur poids, sont fixées au 11 janvier 2002 à Magdebourg. Cinq jours plus tôt seulement, Angela Merkel s'est déclarée officiellement candidate. Edmund Stoiber n'a toujours pas abattu ses cartes. Ce silence pose problème car un duel entre la présidente et Merz risque de se terminer en défaveur de la première. À l'inverse, un simple retrait en faveur du sémillant avocat, d'un an son cadet, lui serait tout aussi fatal. La candidature du vieux lion bavarois Edmund Stoiber, de treize ans son aîné, est donc la meilleure chose qui puisse lui arriver... à condition qu'il ne gagne pas contre elle mais grâce à elle. Les quadras du parti soutiennent plutôt Stoiber. Au lieu de tenter de les bloquer, la présidente va au contraire retourner la force de ses adversaires contre eux-mêmes et ressortir grandie de l'épreuve. « L'insurrection était déjà planifiée... Elle a tiré le frein d'urgence sans que les membres du directoire ne le sachent[11] », raconte Gerd Langguth. Comment ?

Alliance au Sud

La veille des réunions de Magdebourg, elle s'invite chez Edmund Stoiber dans le cadre bucolique de Wolfsrathausen, au sud-ouest de Munich. Là, elle lui fait part, alors qu'il n'a toujours pas déclaré officiellement sa candidature, qu'elle est prête à se désister en sa faveur. Le lendemain devant des dirigeants estomaqués, elle présente sa doctrine : est candidat celui qui a le plus de chances de l'emporter. Autrement dit, elle se rend maître du jeu en avouant sa faiblesse relative face à Stoiber. Moyennant quoi, non seulement le Bavarois est intronisé mais le jeune loup de la Ruhr, Friedrich Merz, est éliminé. Elle ne lui laissera pas de deuxième chance. En janvier 2001, Edmund Stoiber est déclaré candidat de la CDU-CSU aux prochaines élections fédérales.

La campagne législative est courte. Au début de l'été, les sondages sont plutôt favorables à Stoiber. Mais les événements servent admirablement le chancelier sortant, autant qu'il se sert d'eux. En août, des pluies diluviennes s'abattent sur l'Europe centrale. Dans le sud-est de l'Allemagne, des dizaines de milliers de personnes doivent trouver refuge dans des abris de fortune. Les télévisions retransmettent en boucle les images de Dresde noyé sous l'eau. Et celles du chancelier, chaussé de bottes en caoutchouc, qui s'en va réconforter ses concitoyens. Plus encore que le neutralisme de Berlin dans l'affaire ira-

149

kienne, où Gerhard Schröder rallie le camp des adversaires de la guerre en Irak emmené par le président Chirac, le déluge d'août lui donne une chance inespérée de se refaire. Le 22 septembre, il parvient de justesse à faire reconduire sa coalition avec les Verts. La CDU-CSU a perdu. Mais Angela Merkel a soutenu loyalement son candidat. Elle a aussi gagné quatre ans, pense-t-elle, avant la bataille décisive. L'important est désormais d'asseoir son statut de chef de l'opposition, dans l'attente de la prochaine bataille.

4.

DES IDÉES ET DES HOMMES

Dans l'atmosphère florentine de son premier mandat de présidente de la CDU, Angela Merkel entreprend ce qu'elle voudrait être une reconstruction du parti. En avril 2000, elle met en chantier un nouveau règlement financier, histoire de tourner la page de l'ère Kohl et des affaires. Puis elle se concentre sur deux objectifs : redéfinir le point d'équilibre idéologique au sein de l'Union et éviter les chausse-trappes de ceux qui, au sein du parti, pourraient lui prendre sa place.

La bataille, perdue d'avance, pour le centre

Le 18 novembre 2000, Angela Merkel a jeté les bases de sa « nouvelle économie sociale de marché » dans les colonnes de la *FAZ*. C'est une esquisse. Une reprise des idées qui ont fait le succès de l'économie allemande à partir de 1950, remises au goût du jour, celui de l'économie mondialisée. Le projet est

« vendu » sous l'étiquette « Wir-Gesellschaft », un concept aux intonations chrétiennes, où elle tente de réconcilier les valeurs de responsabilité, de partici-pation et de solidarité.

Mais l'espace idéologique que lui laisse la gauche est pour le moins réduit. Gerhard Schröder et sa majorité chassent sur les terres de la droite. D'abord timidement, puis de façon tout à fait explicite, ils entreprennent les réformes du « modèle allemand » rendues inévitables par la réunification.

Ils ne font en réalité que tirer les conséquences des décisions prises par leurs prédécesseurs. Le chancelier Kohl n'a pas seulement posé le principe de l'égalité « un mark de l'Ouest = un mark de l'Est ». L'absorption de l'économie est-allemande dans le système ouest-allemand, notamment de conventions collectives, a aussi provoqué une pro-fonde déstabilisation des relations sociales et tiré la productivité moyenne vers le bas.

Ces choix très politiques ont mis l'Allemagne éco-nomiquement à genoux car les écarts de compétiti-vité entre l'Est et l'Ouest sont immenses[1] et doivent être en partie compensés par des dépenses publiques. Le chômage explose, les comptes sociaux sont dans le rouge, l'endettement flambe.

Plutôt que de revenir sur les choix des années 1990, le gouvernement Schröder entreprend de réformer ce modèle. Il avance d'abord à tâtons, inquiet – non sans raison – des résistances qui se font jour sur sa gauche (son ministre des Finances Oskar Lafontaine démissionne en 1999 et va contribuer à créer un nouveau parti politique à la gauche du SPD).

La dégradation de la situation économique, d'une part, la reconduction de la coalition rouge-verte à l'automne 2002, d'autre part, achèvent de rallier la gauche à une politique libérale classique, bien loin de ses racines socialistes. Les fameuses « lois Hartz » libéralisent profondément le marché du travail et l'assurance-chômage. Adoptées en quatre étapes en 2003 et 2005, inspirées par un proche du chancelier, Peter Hartz, directeur du personnel de Volkswagen, le géant industriel de la Basse-Saxe dont Schröder fut pendant huit ans ministre-président, elles sanction-nent bel et bien un nouvel équilibre dans les rela-tions sociales. Qualifiées de « contre-révolution » par la gauche de la gauche, elles n'aideront pas à col-mater les failles dans l'architecture des conventions collectives qui avaient permis aux salariés allemands de s'arroger une grande part des gains de producti-vité entre 1950 et 1990. Bien au contraire.

Sous couvert d'explorer la « troisième voie » dans le sillage du travailliste britannique Tony Blair, Gerhard Schröder ne fait que ce que Kohl avait rendu nécessaire. Le positionnement idéologique de la droite n'en est que plus difficile.

Méthode Merkel contre « chaos » Schröder

À l'étroit sur le terrain idéologique, Angela Merkel s'attaque à la manière de faire de Schröder, ou plutôt à son absence de manière. L'homme est charismatique mais aussi réputé impulsif et opportuniste. Elle souligne ces traits à longueur de discours. « Le chaos a sa méthode[2] », lance-t-elle devant le millier de délégués du congrès de Hanovre en novembre 2002. Un an plus tard à Leipzig, elle hausse encore un peu le ton. « Nous devons empêcher cet homme de tout détruire dans ce pays… Telle est notre mission », dit-elle.

Pendant ce congrès, une longue querelle l'oppose alors à la CSU, plus conservatrice et plus sociale, au sujet de leur programme commun de réformes sociales. La CDU peut difficilement surenchérir sur le terrain de la libéralisation sans s'aliéner une partie de ses propres troupes. Les élus CDU-CSU optent finalement pour une stratégie de coopération avec le gouvernement en soutenant la loi Hartz IV, la plus contestée par la gauche, le fameux « Agenda 2010 », paquet de mesures visant à renforcer la compétitivité du « Standord Deutschland », le site de production Allemagne, et la réforme de la santé.

Cette ligne sied finalement au parti. À Leipzig, elle est acclamée pendant plusieurs minutes par la foule d'un millier de délégués. C'est un triomphe personnel. Pour en arriver là, elle a patiemment travaillé à consolider sa position dans le parti.

Face aux « tigres »

La défaite de Stoiber en 2002 aurait pu l'affaiblir. Elle s'arrange pour en sortir plus forte. Mais elle a trop senti le vent du boulet en janvier 2002 pour ne pas se méfier de ses propres alliés. Le premier à en faire les frais est son principal concurrent : Friedrich Merz, qui entend rester président du groupe CDU au Bundestag. Dès le 23 septembre 2002, lendemain des élections, elle a revendiqué sa place, en sus de la présidence du parti. Le précédent de la débâcle de juillet 2000 au Bundesrat où la CDU-CSU s'était avancée en ordre dispersé plaide pour elle. Friedrich Merz a protesté mais s'est soumis quand il a constaté que Stoiber serait loyal à celle qui l'avait fait candidat à la chancellerie. Il devra se contenter de la vice-présidence du groupe.

Angela Merkel arrive ainsi au congrès de Hanovre de novembre 2002 en ayant déjà été intronisée leader de l'opposition au Parlement. Le millier de délégués la reconduit dans ses fonctions à une écrasante majorité. Elle dira de Hanovre que ce fut sa « première vraie lutte ». Elle n'a jamais été aussi bien placée sur la trajectoire de la chancellerie fédérale. Mais il lui reste quatre ans à tenir. Elle doit garantir ses arrières et maintenir la pression sur ses concurrents qui n'ont pas renoncé à reprendre l'avantage.

« La CDU est un parti qui a tendance à la rébellion. C'est un parti dangereux. Un parti de grands fauves », raconte Thomas Klau, directeur du bureau parisien de l'European Council for Foreign Relations. Et de rappeler qu'« il a failli détrôner Kohl, alors même qu'il était au pouvoir ». Comme présidente, Angela Merkel n'occupe pas le siège de l'imperator dans la tribune, qui lève ou baisse le pouce, arbitrant entre les querelles de ses partisans. Sa place est en bas, dans l'arène. Si elle dispose d'armes que les autres n'ont pas, du fait de sa biographie et de son poste, elle n'en doit pas moins se battre.

L'hebdomadaire *Der Spiegel* révèle en juillet 2003 l'existence d'un « pacte » entre une poignée de ténors du parti[3], scellé plus de vingt ans plus tôt, à l'occasion d'un vol au-dessus de la cordillère des Andes, autour d'un verre de whisky Chivas, par une poignée de jeunes militants de la Junge Union, la pépinière de la CDU. C'est une petite société secrète à l'intérieur même de la CDU avec secrétariat général et papier à en-tête que décrivent les journalistes Ralph Neukirch et Christoph Schult. À voir ce que sont devenus les uns et les autres, leur serment de fidélité et de solidarité semble avoir bien fonctionné.

Au moment de ces révélations, le pacte unit des personnalités aussi puissantes que Christian Wulff, le ministre-président de Basse-Saxe et futur président fédéral, Roland Koch, le ministre-président de Hesse, Peter Müller, le ministre-président sarrois, Christoph Böhr, qui dirige l'opposition CDU au parlement de Rhénanie-Palatinat, ou encore Matthias Wissmann, qui préside la Commission des affaires européennes au Bundestag.

Cette coterie strictement masculine est une menace évidente et permanente. Pendant plus de vingt ans, ses membres se sont organisés pour conquérir le parti et choisir entre eux leur leader, le jour où Helmut Kohl tomberait. Et voilà qu'ils ont dû se soumettre à une femme « à la biographie totalement différente » de la leur, comme le dira Angela Merkel. Comment penser qu'ils puissent l'accepter de bon cœur ? Pour le *Spiegel*, « le fait que l'Union [CDU-CSU] donne l'impression d'être dépourvue de direction, divisée, vacillante, a aussi à voir avec le choc de ces deux champs de force. En 2006[4], le plus puissant membre du club, Roland Koch, veut être candidat à la chancellerie. Merkel le veut aussi ».

Merz, Koch, Röttgen : en exil à l'Ouest

En 2004, elle vient à bout de Friedrich Merz. « Merz voulait le pouvoir. Elle a joué d'une manière extrêmement brutale », raconte un observateur averti de la politique allemande qui assure l'avoir croisé un jour « dans la rue à Berlin, … les larmes aux yeux ». « Il m'a expliqué comment elle avait joué l'affaire. Il ne recevait plus les informations, ni les invitations à certains cercles de la CDU », dit-il.

Le 14 octobre 2004, sous prétexte d'un différend sur le programme fiscal de la CDU-CSU, Friedrich Merz annoncera publiquement sa démission. Presque neuf ans après les faits, la plaie n'est pas refermée. « Monsieur Merz ne souhaite pas évoquer » ces événements « pour l'instant », explique son assistante du cabinet d'avocat international où il continue à exercer comme spécialiste des finances publiques et de la fiscalité. « Pour l'instant », a précisé l'assistante. Il n'a peut-être pas renoncé.

À la faveur de ces luttes internes, Merkel apprend à se faire craindre. Après avoir incarné le « triple quota » (femme, jeune, de l'Est) de Kohl, puis la Jeanne d'Arc de la CDU, elle se forge l'image d'une tueuse. Elle devient progressivement l'opératrice méthodique plus qu'impulsive qu'elle restera à la chancellerie. Comme le dit un élu CDU qui ne cache pas par ailleurs son admiration : « Elle ne mord pas vite. » Mais elle mord.

Dans les années qui suivent, la liste des concurrents écartés va s'allonger. Après Friedrich Merz, qui a atterri à Düsseldorf, viendront Roland Koch, puis Norbert Röttgen. Isolé à son tour, Koch décrochera en mai 2010, alors qu'il préside le Land de Hesse, tremplin idéal vers Berlin. Il est le seul à avoir retrouvé une position à la hauteur de ses ambitions, à Mannheim, où il dirige un fleuron de l'industrie allemande, le groupe d'ingénierie Bilfinger. Quant à Röttgen, il sera écarté sans ménagement du ministère de l'Environnement en 2012 à cause de sa gestion maladroite du dossier nucléaire. Il exerce depuis comme avocat à Cologne.

Avec Merkel, la vallée du Rhin est devenue le cimetière des ambitions des mâles catholiques, quadragénaires de l'Ouest, venus à la politique dans la pouponnière « kohlienne ».

Schäuble victime de l'alliance avec le FDP

Quand le mandat du président fédéral Johannes Rau arrive à son terme en juin 2004, la CDU-CSU, requinquée par une série de victoires aux élections régionales, est majoritaire au sein de l'Assemblée fédérale, réunion du Bundestag et de représentants des Länder. L'Union a la main. Et elle a un candidat favori : Wolfgang Schäuble. L'ancien ministre de Kohl et ancien président de la CDU compte non seulement de nombreux partisans dans son parti, mais jouit aussi du soutien de la CSU.

Le président fédéral est un personnage peu visible mais très présent. Il existe essentiellement par ses discours qui sont autant de bornes morales jalonnant la chronique politique. Depuis 1949, ces discours ont forgé l'image de l'Allemagne dans le monde, comme celui tenu en 2000, à la Knesset, par Johannes Rau où il avait demandé le pardon du peuple juif au nom du peuple allemand, ou bien celui tenu le 8 mai 1985 par Richard von Weizsäcker pour le 40e anniversaire de la chute du Troisième Reich. « Le 8 mai [1945, jour de l'annonce de la capitulation de l'Allemagne nazie] est un jour de libération », avait-il lancé.

Schäuble a le profil type du « Präsident » : celui d'un homme engagé politiquement, un peu plus expérimenté et plus sage que le reste du personnel politique. Le poste lui semble promis. Il ne l'aura pas. Son éviction et l'élection de l'improbable ancien directeur général du Fonds monétaire international Horst Köhler administrent la preuve de l'incroyable habileté de la présidente de la CDU, de son sens du pouvoir.

Les raisons qui amènent la présidente de la CDU à s'opposer aux ambitions de Schäuble sont en partie obscures. Le craint-elle toujours ? Mais dans ce cas, pourquoi ne pas, au contraire, le propulser à la présidence, ce qui est une manière sûre de retirer de la course un candidat à la chancellerie ? C'est ce qu'elle fera avec Christian Wulff en 2010. A-t-elle des raisons personnelles de contrarier ses ambitions ? Apparemment pas. Craint-elle alors que les résidus nauséabonds de l'ère Kohl ne refassent surface si Schäuble prend du galon ? C'est possible. La justice a beau avoir remisé son dossier, la braise rougeoie sous la cendre. Une nouvelle flambée médiatique n'est jamais exclue.

Ces inquiétudes sont particulièrement vives chez son allié, le FDP. De discussions avec le président du parti libéral Guido Westerwelle, elle tient que Schäuble est « difficilement acceptable[5] » pour les libéraux. Trop « kohlien ». Trop purement CDU. Or le FDP est l'allié de gouvernement naturel de l'Union. Une élection de Schäuble contre l'avis de Westerwelle compromettrait une telle coalition. C'est l'avis de Helmut Kohl qui profite de ce moment pour ajouter une goutte d'acide dans le cocktail létal qui menace les ambitions de son ancien bras droit. Il rappelle sa doctrine en la matière : il faut céder au FDP afin de préserver les chances d'une future coalition noire-jaune (CDU-CSU-FDP)[6].

Quand la discussion s'engage entre les présidents des trois partis (CDU, CSU et FDP), le Bavarois Stoiber, dont la candidature est brièvement sollicitée, se retire immédiatement pour se rallier à Schäuble qu'il qualifie de « meilleur parmi les candidats nommés[7] ».

La stratégie du troisième homme

Dans ces conditions, la seule chance pour Angela Merkel d'éviter l'élection de ce dernier est encore d'empêcher que son nom figure sur la « shortlist » qui sera soumise au vote de l'Assemblée. Il faut donc lui inventer des concurrents qu'il n'a pas. En janvier 2004, la présidente de la CDU teste les intentions et la popularité de son prédécesseur au ministère de l'Environnement : Klaus Töpfer, et avance les noms de deux proches : Annette Schavan, alors ministre en Bade-Wurtemberg, et Ursula von den Leyen, ministre en Basse-Saxe, qui deviendront toutes deux membres de son gouvernement.

Pendant ce temps, les traditionnels ennemis d'Angela Merkel : Friedrich Merz et Roland Koch font campagne pour Schäuble, lequel sollicite en vain et pendant des semaines un entretien avec sa présidente afin de clarifier la situation. Elle ne le reçoit pas et parvient même à ne pas lui adresser la parole quand l'occasion s'en présente.

Selon Gerd Langguth, l'idée d'inviter Horst Köhler, auquel personne n'avait pensé, dans la compétition, lui serait venue assez tôt, même si ce n'est pas ainsi qu'elle présentera les choses. Le moment décisif arrive le 3 mars 2004 en fin de journée. Le présidium de la CDU doit trancher. Il se divise entre soutiens et adversaires de la ligne de la présidente qui continue à chercher à tout prix à empêcher la candidature officielle de Schäuble d'autant plus qu'il est désormais ouvertement soutenu par ses ennemis intimes dans le parti. Pendant cette réunion, elle parvient à les isoler et à faire accoucher son parti d'une liste de trois noms : Klaus Töpfer, Annette Schavan et Horst Köhler. Celle-ci est bientôt soumise à la CSU, laquelle ne saurait plus soutenir un candidat CDU qui n'est pas proposé par son parti, et au FDP. Dans la soirée, Schäuble a quitté la réunion, de guerre lasse.

Il ne reste plus alors qu'à laisser jouer les lois de la sélection politique naturelle : Schavan n'est pas acceptable pour la très conservatrice CSU, Töpfer trop vert pour le FDP. Le plus improbable des candidats, Köhler, sort donc gagnant... par défaut. Le 23 mai 2004, son élection dès le premier tour de scrutin de l'Assemblée fédérale signe le « chef-d'œuvre[8] » d'Angela Merkel. Un sommet de machiavélisme.

5.

LA MONTÉE À L'EUROPE

« Je crois qu'ils ont manqué une bonne occasion de se taire » : plus d'une décennie après avoir été prononcée, cette phrase reste un boulet accroché au pied de la diplomatie européenne de la France. Le 17 février 2003, Jacques Chirac s'en prend dans ces termes à la Pologne, à la Hongrie et à la République tchèque qui, avec six autres pays, viennent d'affirmer dans une lettre fameuse leur soutien aux États-Unis.

Allié au chancelier social-démocrate Gerhard Schröder, le président français s'oppose à George W. Bush sur la guerre en Irak et conteste la légitimité d'une invasion militaire, supposée détenir des armes de destruction massive. La bataille diplomatique fait rage. L'Europe est divisée. Chirac en rajoute au sujet de ces pays qui « se sont comportés avec une certaine légèreté », qui n'ont « pas [eu] un comportement très responsable », se sont montrés « pas très bien élevés et un peu inconscients des dangers que comportait un trop rapide alignement sur la position américaine ».

La réponse à Chirac

Deux jours après ces déclarations tonitruantes, la réponse du berger à la bergère arrive de Berlin. Angela Merkel, alors chef de l'opposition au Bundestag, est l'invitée de l'Aspen Institute. Depuis des mois, elle défend dans le dossier irakien une position résolument atlantiste, à contre-courant de la chancellerie, de l'opinion publique et des autorités religieuses. Jacques Barrot, qui préside à l'époque le groupe UMP à l'Assemblée nationale, est venu la voir à Berlin pour tenter d'arrondir les angles. Entre membres du Parti populaire européen, il eût été préférable de se montrer plus unis.

Le 19, au Grand Hôtel Esplanade, Merkel donne sa version de l'histoire. Au banc des accusés : Gerhard Schröder et Jacques Chirac.

« L'Europe cherche son rôle, commence la présidente de la CDU. D'un côté elle assume une responsabilité internationale, que cela soit au Kosovo ou en Afghanistan, de l'autre elle est déchirée, et même divisée. [...] Parce que, pour les motifs électoralistes propres au gouvernement allemand, un *Sonderweg*[1] balaye apparemment sans peine la leçon la plus importante de la politique allemande, à savoir précisément qu'il ne doit plus jamais y avoir de *Sonderweg* allemand. Parce que les pays candidats est-européens sont attaqués par le gouvernement français, simplement pour s'être reconnus sans ambiguïté dans le partenariat de l'Europe avec les États-Unis[2] », réplique-t-elle au président français.

Son discours est un plaidoyer pour un ralliement sans faille aux États-Unis, lequel s'appuie sur un constat lucide de l'indigence stratégique de l'Union européenne. « Il est hélas très facile de voir que l'Europe est à des décennies de disposer des trois éléments [nécessaires à un système de défense autonome] : les institutions, la volonté et les capacités... Si l'Europe ne veut et ne peut garantir seule sa sécurité, alors il ne reste d'alternative responsable que l'inclusion dans une alliance de défense. » Et de rappeler la sentence classique : « Les États-Unis vont se battre, les Nations unies fourniront la nourriture, et l'Union européenne financera[3]. » « Aussi ironique que soit cette phrase, elle est malheureusement vraie », dit-elle. Ses références se nomment Henry Kissinger et Colin Powell. Personne d'autre. La politique étrangère et de défense européenne est expédiée d'une phrase.

L'assistance est stupéfaite. « C'était tellement atlantiste ! On ne sentait aucune empathie pour la Vieille Europe », rapporte un participant à la soirée.

Européenne de l'Est

Tout comme les Polonais tancés par Chirac, elle vient de l'autre côté du Mur. Elle n'est pas juste une Allemande. Elle est une Allemande de l'Est. Et elle est, de surcroît, une Européenne de l'Est, c'est-à-dire quelqu'un qui a grandi avec une représentation du « monde libre », abstraite et unitaire, avec pour centre Washington.

Quand le président français invite ces « autres » Européens à se taire, il s'adresse, sans le savoir, aussi à elle, son alliée politique allemande. Elle est indisposée par ce qui ressemble à un déni d'identité. Sa perspective à elle est différente. Mais elle est légitime.

Elle restera jusqu'à aujourd'hui à la fois l'alliée et l'avocate des pays centre-européens. Quand elle deviendra chancelière en 2005, elle aura déjà noué des liens étroits avec leurs dirigeants. En décembre 2005, à peine un mois après avoir été élue, elle propose à la surprise générale une augmentation des moyens destinés aux pays de l'Est dans le budget 2007-2013. « Elle avait l'avantage à l'époque de connaître beaucoup mieux les dirigeants des nouveaux États membres que Chirac ou Brown », raconte un protagoniste de ces négociations.

Pour Chirac, le Français, l'Europe commence à exister avec la déclaration du 9 mai 1950. Elle s'incarne dans les deux silhouettes minuscules d'Adenauer et de De Gaulle sous la haute nef de la cathédrale de Reims, le 8 juillet 1962.

Pour Merkel, l'idée européenne s'accomplit dans la réunification allemande et l'entrée, le 1er janvier 2004, de la Pologne, de la Slovaquie, de la République tchèque, de la Hongrie et de la Slovénie dans l'Union. Cet élargissement qui fut observé avec inquiétude en France, a été célébré à l'est de l'Allemagne dans la liesse populaire et par une profusion de manifestations officielles peu commune en République fédérale.

Bien sûr, il s'était passé un certain nombre de choses à l'Ouest entre l'arrivée des soldats américains et britanniques sur le sol allemand en 1944 et la chute du Mur en 1989, mais Angela Merkel mettra du temps à faire siens les jalons symboliques d'une histoire qu'elle a observée de loin, particulièrement ceux liés à la relation franco-allemande.

Elle entre sur la scène européenne sans aucune affinité particulière avec la France, qu'elle ne connaît pas et dont elle n'a jamais appris la langue. Qui plus est, le pathos qui entoure les célébrations officielles de l'« amitié franco-allemande » la rebute. Elle reste, sur ce sujet comme pour tous les autres, profondément hermétique à toute nostalgie, un sentiment contre lequel tant son passé en RDA que son caractère la prémunissent.

Hold-up sur la Commission européenne

Moins de trois semaines après l'élection de Horst Köhler à la présidence fédérale, l'Union triomphe à nouveau. Cette fois-ci aux élections européennes. Sur les 99 sièges dévolus à l'Allemagne, 49 échoient à la CDU et à la CSU. Le Parti populaire européen (qui fédère les partis de centre-droit européens) reste le plus grand parti du Parlement européen (268 sièges sur 732). Les élus allemands y disposent, de surcroît, d'un poids relatif immense à cause de la poussée socialiste en France qui a éclairci les rangs des députés UMP.

Angela Merkel n'est que chef de l'opposition allemande. Mais elle projette sur l'Europe sa grille de lecture nationale. Qui dit victoire, dit pouvoir. Le PPE vainqueur d'élections européennes devrait avoir la main pour la nomination du président de l'exécutif.

Ce n'est pas la coutume. Les hommes forts du Conseil européen, au premier rang desquels le chancelier Schröder, comptent bien garder la main sur ce poste, traditionnellement attribué au terme d'une diplomatie secrète entre chefs d'État et de gouvernement européens. Le président de la République Jacques Chirac et le chancelier ont déjà leur candidat pour succéder à l'Italien Romano Prodi : leur « ami Guy » Verhofstadt, le Premier ministre belge. C'est un des leurs. C'est un Européen. Ils s'estiment parfaitement fondés à l'imposer.

Angela Merkel n'est pas d'accord. « Son principal problème est qu'il était le candidat de Schröder. Nous avions gagné l'élection européenne. Schröder propose alors Verhofstadt sans même nous consulter. Sa réaction n'était pas tant contre Verhofstadt lui-même que contre Schröder et Chirac », se souvient un membre du PPE.

Merkel, d'un côté, Schröder et Chirac, de l'autre, se placent dans des optiques totalement différentes. Pour les seconds, la nomination du président de la Commission est une affaire trop sérieuse pour être laissée aux partis et aux électeurs. C'est une affaire entre « chefs » et si possible autour d'un whisky ou d'une bière. Verhofstadt est un libéral flamand, il n'appartient à aucun des camps respectifs des deux dirigeants. L'important est qu'il soit *leur* homme, le candidat commun de l'incontournable tandem franco-allemand.

Machiavel à Bruxelles

Merkel qui interprète le vote européen comme un scrutin interne veut tirer jusqu'au bout le fil de son avantage. L'arithmétique parlementaire doit prévaloir. Elle reproduit, à quelques variantes près, la stratégie des candidats surprises qui lui a si bien réussi contre Schäuble pour la présidence fédérale. Le PPE n'a pas de candidat naturel contre Verhofstadt. La traditionnelle rencontre des dirigeants PPE, qui se tient avant chaque sommet européen, doit être l'occasion de reprendre la main. Douze chefs d'État et de gouvernement européens et une dizaine de chefs de partis d'opposition, parmi lesquels Angela Merkel, se retrouvent les 16 et 17 juin au château du Bouchout, près de Bruxelles.

Jacques Chirac « n'est pas venu pour des raisons d'État ». Il n'a jamais été très assidu aux réunions du PPE et « il ne s'est pas toujours bien fait représenter », rapporte un habitué. Le Français absent, le maître du jeu au PPE est le chef de l'opposition en Allemagne. Angela Merkel tire les ficelles avec le consentement silencieux du chef du parti, Wilfried Martens, un démocrate chrétien belge, peu fâché de voir l'horizon de son compatriote libéral Verhofstadt s'obscurcir.

Elle avance d'abord le nom de l'ancien commissaire européen, le respecté Chris Patten. Elle sait que la nomination d'un Britannique est fort peu probable. Mais la stature de Patten fait de l'ombre à Verhofstadt. « Il fallait utiliser quelqu'un pour empêcher quelque chose et ensuite faire en sorte que l'on puisse former un consensus avec quelqu'un d'autre », décrypte un protagoniste de ce sommet.

La candidature du Belge a déjà du plomb dans l'aile quand Patten est finalement écarté. D'autres noms surgissent. On parle de Wolfgang Schüssel, le chancelier autrichien, et de l'Irlandais Peter Sutherland, ancien commissaire européen à la concurrence de Jacques Delors, devenu président de Goldman Sachs International et membre d'une foule de conseils d'administration et d'officines diverses.

Il faut tester ces idées auprès de l'Élysée. Le Premier ministre Jean-Pierre Raffarin, qui représente la France au sommet PPE, est hors circuit. Les contacts avec Paris sont organisés directement par le député européen CDU et homme de confiance de la future chancelière au Parlement Elmar Brok. Si ce n'est plus Verhofstadt, encore faut-il que le nouvel élu soit acceptable pour le président français. « Je ne veux pas d'un banquier », explique Chirac à Brok, lequel lui rappelle que Georges Pompidou en était un. Qu'importe. Exit Sutherland.

L'aiguille continue de tourner sur différents candidats et s'arrête finalement sur le moins inacceptable : le Premier ministre portugais. José Manuel Barroso n'est alors connu hors de son pays que pour avoir organisé le fameux sommet des Açores, en 2003, entre le président américain George W. Bush, et ses deux principaux soutiens européens dans la guerre en Irak, le Britannique Tony Blair et l'Espagnol José Maria Aznar. Le 29 juin, il est nommé président désigné de la Commission européenne et confirmé le 22 juillet suivant par le Parlement européen.

L'éviction de Verhofstadt est souvent présentée comme un oukase des Britanniques qui trouvaient le Belge à la fois trop fédéraliste et trop peu atlantiste (il s'était lui aussi opposé à la guerre en Irak). C'est méconnaître la diplomatie de l'ombre qui s'est jouée dans les coulisses du PPE pendant les semaines qui ont précédé le conseil de juin.

Le coup est splendide. Chirac accepte Barroso malgré son atlantisme car le Portugais reste un homme de son camp et il n'accorde par ailleurs pas d'importance excessive à cette nomination. Il ne perd pas la face. Les Britanniques sont comblés puisqu'ils récupèrent Barroso, un allié. Seul Schröder sort perdant.

De même que Köhler, auquel il manquait la stature et le charisme d'un Weizsäcker, s'avéra un piètre président fédéral allemand, Barroso va rester un président faible de la Commission européenne. Cela n'empêchera pas que, candidat du PPE, il soit reconduit en 2009. Le Parlement européen menacera alors sérieusement de se rebeller contre le choix de celle qui était devenue depuis chancelière allemande. Mais il se montrera incapable de présenter un contre-candidat.

Avec cette nomination à Bruxelles, Angela Merkel n'a pas seulement fait ses premiers pas dans la politique européenne en s'opposant avec succès à ses deux géants : Gerhard Schröder et Jacques Chirac. Elle en a aussi fait une affaire de partis, beaucoup plus que ce n'était le cas par le passé. Ce virage n'est certes pas simplement de son fait. Il est le résultat conjoint de la démission de la commission Santer le 15 mars 1999 et des réformes institutionnelles successives qui ont subtilement déplacé le curseur du pouvoir vers le Parlement européen. Mais il change durablement le jeu.

Cet épisode illustre bien des malentendus entre d'un côté les Allemands, qui projettent leur modèle de démocratie parlementaire sur les affaires bruxelloises, et de l'autre, les Français, qui continuent de voir l'« Europe » comme le terrain de jeu de grands (et moins grands) hommes, où les règles de la démocratie ne s'appliquent pas. À Paris, certains l'ont compris mais ils sont peu nombreux. Ainsi de cet ancien ministre de François Fillon qui, comme pris de remords au terme d'un entretien, trouve le temps d'ajouter, entre la porte de son bureau et celle de l'ascenseur : « Au fait, on n'a pas parlé de la manière dont elle a mis la main sur le Parlement et le parti populaire européen... »

Élections anticipées

Forte de ces victoires régionales et européennes successives, Angela Merkel se fait réélire présidente de son parti, le 6 décembre 2004, à Düsseldorf, par 86 % des voix. Elle n'a jamais été aussi bien placée sur la trajectoire de la chancellerie fédérale. Elle croit avoir encore un an et demi pour s'y préparer. Mais le chancelier Schröder en décide autrement. Affaibli dans son propre parti (dont il a cédé la présidence) par une série de défaites aux élections régionales et par l'échec des négociations de la « Bündnis für Arbeit[4] » entre syndicats, patronat et gouvernement, il joue son va-tout au lendemain d'élections désastreuses pour le SPD en Rhénanie du Nord-Westphalie, le 25 mai. Pour stopper l'hémorragie de voix, il annonce dès le 26 la tenue d'élections anticipées, alors même que la CDU-CSU n'avait aucune intention de lui retirer sa confiance.

Faux pas libéral

En mai 2005, quand furent annoncées les élections anticipées, Angela Merkel réunissait encore sur son nom 48 % des intentions de vote contre 28 % pour Gerhard Schröder. Cet avantage va s'éroder au point que la CDU ne gagnera plus que d'un fil à l'automne.

Sa candidate a du mal à trouver le centre de gravité idéologique de son électorat, malgré cinq années passées à la présidence du parti.

En 2003 à Leipzig, elle avait créé des tensions en faisant appel à McKinsey. Le consultant devait alimenter en données chiffrées une commission d'experts présidée par l'ancien président fédéral Roman Herzog et chargée de repenser le système de protection sociale. Ces travaux avaient réveillé de vieux clivages entre la CDU et la CSU. L'ancien ministre de la Santé et spécialiste des questions sociales du parti bavarois, Horst Seehofer, avait peu goûté l'intrusion de ces managers. « Celui qui décide des chiffres décide du contenu[5] », avait-il dit.

Pendant l'été 2005, l'imprudent recrutement de Paul Kirchhof souligne une nouvelle fois le décalage entre ses aspirations à la réforme et la culture de son parti.

Juriste émérite de l'université de Heidelberg, cet ancien juge au tribunal constitutionnel fait son entrée sur la scène politique mi-août, en tant que ministre des Finances de la *Kompetenzteam* de la candidate. Il défend des idées iconoclastes en matière fiscale. Il va jusqu'à recommander une « flat tax », autrement dit la suppression de la progressivité de l'impôt sur le revenu. Cette proposition le place en avant des libéraux qui font du taux unique un « horizon éloigné ». Elle déchaîne l'opposition qui accuse l'équipe de Merkel de vouloir s'affranchir des fondements de la justice sociale et de l'économie sociale de marché. Le professeur promet également la suppression de « 418 » subventions et exonérations fiscales... dont il ne fournit pas la liste. Mal expliquée, cette mesure a renvoyé chaque électeur à ses calculs égoïstes au lieu de rallier le public à un principe d'équité. Il n'y avait pas de plus sûr moyen d'effrayer le plus large électorat possible.

Déjà en 2003, le chef du groupe parlementaire CDU et expert fiscal du parti Friedrich Merz avait fait sensation avec un concept d'impôt sur le revenu simplifié à trois taux, adopté non sans débats. Pourquoi aller au-delà ? Pour Merkel, le réformateur Merz présentait, sur Kirchhof, l'inconvénient d'être un concurrent.

La candidate essayera également d'attirer Heinrich von Pierer dans son équipe, en tant que ministre de l'Économie. Le président du conseil de surveillance de Siemens était alors une des personnalités les plus en vue du monde des affaires. « Je n'étais pas prêt à prendre un tel poste sans toutes les assurances politiques... Or, comme nouveau venu [...], on n'a pas de base au Parlement[6] », avait justement analysé le manager. Il repoussa l'offre.

Ces tentatives d'apporter un peu de renouveau, sur le plan des idées mais aussi du personnel et de l'expertise, butent rapidement sur la résistance et l'inertie du parti. Avoir tenté d'explorer ces limites faillit coûter cher à la candidate CDU.

Partie 5

AUX COMMANDES

1.

LA PRUDENCE INCARNÉE

Le soir du 18 septembre, peu avant la déclaration des résultats, au moment où Angela Merkel se retire dans son bureau au siège de la CDU avec son époux Joachim Sauer et son allié bavarois Edmund Stoiber, elle n'est que la candidate d'un parti qui vient de faire un de ses pires scores historiques.

Le scrutin fédéral de 2005 a débouché sur un flottement politique digne de la République transalpine. La CDU/CSU arrive certes en tête mais avec un score de 35,2 %, soit à peine un point de moins que le SPD. Edmund Stoiber, qui perdit l'élection contre Gerhard Schröder en 2002, avait fait mieux, avec 38,5 %. Même en additionnant les voix de son allié libéral (FDP), la droite n'arrive qu'à 45 % des suffrages. La gauche est théoriquement « majoritaire », les voix des sociaux-démocrates, des verts et des postcommunistes de Die Linke atteignant 51 %. La seule certitude à l'issue du scrutin est qu'il faut renoncer à l'issue qu'avait espérée la future chancelière : une coalition CDU-FDP. À part cela, toutes les options sont ouvertes, y compris celle d'un nouveau scrutin.

Dire qu'Angela Merkel n'est pas entrée à la chancellerie portée par une vague populaire enthousiaste est un euphémisme. Le chemin entre les élections du 18 septembre et son élection par le Bundestag le 22 novembre est un parcours du combattant. Dans la République berlinoise, un chancelier est la chose des partis politiques avant d'être celle du peuple. Cette fois-ci plus qu'aucune autre. Il n'y eut pas d'état de grâce.

Merci, Schröder

Le premier coup de pouce vient du chancelier sortant, le social-démocrate Gerhard Schröder, qui annonce, le soir de l'élection, sur le plateau de télévision où sont réunis les « éléphants » (les candidats à la chancellerie et les chefs de parti) qu'il n'a pas l'intention de se retirer, qu'il est seul à pouvoir former un « gouvernement stable ». « Pensez-vous sérieusement que mon parti puisse répondre à une offre de discussion de Madame Merkel alors qu'elle prétend vouloir devenir chancelière ? » demande-t-il.

Schröder bafoue les usages car le candidat arrivé en tête des élections est en droit d'accéder à la chancellerie dès lors qu'il parvient à former une coalition. C'est un déni de démocratie. Le public est stupéfait. L'écologiste Joschka Fischer n'en revient pas du culot de son allié. La moins choquée n'est pas la mère d'Angela Merkel, adhérente et élue locale du SPD : le lendemain, elle rend sa carte du parti[1].

Schröder, dont la réputation de macho arrogant n'est plus à faire, vient de jouer le coup de trop. Il semble avoir oublié qu'il a cédé à Franz Müntefering la présidence du parti. Il n'est plus le patron de la social-démocratie. Il n'est déjà plus qu'un ancien chancelier qui s'accroche à son fauteuil.

L'indignation suscitée par sa réaction crée un courant de sympathie à l'égard de la candidate CDU. Mais elle ne change rien à une arithmétique électorale compliquée. Trois configurations auraient pu bloquer l'accès d'Angela Merkel à la chancellerie, à commencer par un nouveau vote. Compte tenu de sa performance, elle aurait alors couru le risque que son parti lui préfère un autre candidat. Pour parer à cette éventualité et renforcer sa position dans le parti, elle prend soin de se faire élire présidente du groupe CDU au Bundestag dans les jours qui suivent l'élection.

Le contrat rouge-noir

Les deux autres options à écarter sont une coalition entre le SPD, les libéraux et les Verts. La configuration serait sans précédent au niveau fédéral mais elle n'est pas non plus impossible. Schröder avait bien innové en s'alliant aux Verts d'abord en Basse-

Saxe puis à Berlin. Le pays avait été gouverné par une coalition rouge-jaune pendant treize ans, sous les chanceliers Willy Brandt et Helmut Schmidt. Enfin, une coalition à gauche, encore plus inédite compte tenu du spectre idéologique couvert par les trois partis (SPD, Verts et Die Linke), n'était pas non plus totalement exclue.

La présidente de la CDU doit faire en sorte qu'une autre solution s'impose. Face à l'obstruction de Schröder, la première piste explorée est une alliance avec les libéraux et les verts pour former une coalition dite « Jamaïque » (noir, vert, jaune). Pendant deux semaines, on teste la possibilité d'une cohabitation entre conservateurs bavarois et les *Fundis*[2] écologistes. Elle semble difficile.

L'arrivée au Bundestag d'un nouveau député CDU suite à un scrutin partiel en Saxe, est suivie par un soudain revirement de Schröder qui met un terme à cette incertitude. Le 4 octobre, l'ancien chancelier, saisi par un effet de réalité, lève son veto à une grande coalition « classique » entre CDU/CSU et SPD. Les négociations commencent le 9. Elles durent plus d'un mois. Le contrat de coalition signé le 12 novembre 2005 est un pavé de soixante mille mots. Ce n'est plus une coalition, c'est une *joint venture* ! En 1966, Brandt n'avait même pas jugé nécessaire de coucher sur le papier l'accord qui le liait à son allié libéral Kurt Georg Kiesinger[3]. Autres temps, autres mœurs.

Le 22 novembre, Angela Merkel préside sa première réunion de cabinet[4], autrement dit son premier Conseil des ministres. Il lui a fallu soixante-cinq jours pour transformer sa victoire en pouvoir. À cinquante et un ans, elle devient la première chancelière allemande et la plus jeune de la brève histoire de la République fédérale. C'est un triomphe à l'arraché, mais un triomphe quand même, célébré sans ostentation.

De fête mémorable, il ne fut pas question. Son mari ne s'est pas montré au Bundestag pour l'intronisation de sa moitié. Il la suivit à la télévision. Interrogée sur cette absence remarquée, la chancelière dit simplement que son époux préférait être « tranquille ».

Huit plus huit

La composition du gouvernement échappe largement à la chancelière.

Une grande coalition allemande n'a pas plus à voir avec une « cohabitation » à la française qu'avec une « ouverture » façon Sarkozy. C'est un partage méthodique et équitable du pouvoir qui doit garantir au gouvernement l'appui du Parlement.

Pour la présidente de la CDU, l'idéal aurait été d'avoir à ses côtés les dirigeants des deux partis alliés : le SPD et la CSU. Mais le président du SPD, Franz Müntefering, avec qui elle négocie l'accord de coalition, démissionne de façon impromptue le 31 octobre suite à un différend concernant la nomination de son secrétaire général. Le lendemain, c'est au tour d'Edmund Stoiber de tirer sa révérence. Le patron de la CSU, à qui elle promettait un grand ministère de l'Économie, retourne en Bavière. C'est la fin de ses ambitions fédérales. Cette décision prive la chancelière d'un relais efficace dans un parti bavarois à la fois conservateur et frondeur.

Sur seize ministères, le SPD obtient huit postes. Le ministère des Finances, le cœur du réacteur fédéral, échoit à Peer Steinbrück, jusqu'alors ministre président de Rhénanie du Nord-Westphalie, avec qui elle entretiendra une relation cordiale. Les sociaux-démocrates récupèrent également la Justice (Brigitte Zypries), les Affaires étrangères (Frank-Walter Steinmeyer), le Travail et les Affaires sociales (Franz Müntefering, qui est aussi vice-chancelier), la Santé (Ulla Schmidt), le Transport (Wolfgang Tiefensee), l'Environnement (Sigmar Gabriel) et la Coopération (Heidemarie Wieczorek-Zeul).

La CDU et la CSU ont sept ministères plus, naturellement, la chancellerie. Le parti bavarois s'empare de l'Économie et Technologie (Michael Glos) et de l'Agriculture (Horst Seehofer). Celui de la chancelière obtient l'Intérieur (Wolfgang Schäuble), la Défense (Franz Josef Jung), la Famille, les Personnes âgées, les Femmes et les Jeunes (Ursula von der Leyen) ainsi que l'Enseignement supérieur et la Recherche (Annette Schavan).

Enfin Angela Merkel appelle auprès d'elle Thomas de Mazière, comme chef de la chancellerie, avec rang de ministre. Elle le connaît depuis l'époque de la chute du Mur, alors qu'elle travaillait pour son cousin Lothar. C'est un des rares proches. Un des rares qui lui doivent sa carrière.

Sur les quatre membres de son gouvernement issus de la CDU, la chancelière a donc choisi deux femmes. Deux spécialistes. Schavan vient de passer dix ans en charge de l'éducation dans le Land de Bade-Wurtemberg. Merkel l'a connue à la CDU. C'est une fidèle, dont le nom avait été avancé comme la présidence fédérale. C'est une amie aussi dont la chancelière devra se séparer quelques mois avant les élections de 2013 à cause d'une sombre histoire de plagiat.

Von der Leyen, qui fait ses premiers pas au niveau fédéral, est aussi une « trouvaille » de Merkel. C'est aussi une héritière, fille de l'ancien ministre-président de Basse-Saxe Ernst Albrecht. Mère de cinq enfants et médecin de profession, elle vient alors de commencer sa carrière politique comme ministre des Affaires sociales dans son Land. En quelques années, elle va devenir la coqueluche des médias et une figure centrale du deuxième gouvernement Merkel au point d'être considérée à Berlin comme une candidate possible de la chancellerie pour reprendre un jour les rênes du parti.

Ces quatre ministres CDU resteront membres du deuxième gouvernement Merkel formé après les élections de 2009, Schäuble passant de l'Intérieur aux Finances, Maizière de la chancellerie à l'Intérieur, puis à la Défense et von der Leyen de la Famille au Travail et aux Affaires sociales. Dans la « petite » coalition de 2009, les libéraux du FDP,

nouveaux alliés de coalition, obtiennent cinq ministères, ce qui est considérable compte tenu de leur
poids électoral. Cela permet de faire entrer deux
fidèles au cabinet : Ronald Pofalla, jusqu'alors secrétaire général de la CDU, qui remplace Maizière, et
une trentenaire, Kristina Schröder, qui reprend le
portefeuille de von der Leyen.

La chancelière est contre les quotas de femmes
dans les entreprises, mais dans ses choix ministériels,
elle respecte une stricte parité. Dans la presse, en
2005, son arrivée à la chancellerie a été présentée
comme une charge d'« amazones ».

« La femme derrière Merkel »

Au Bundestag, les deux plus proches collabora-
trices d'Angela Merkel étaient sa conseillère presse,
l'élégante Eva Christiansen, et sa « chef de bureau »,
l'austère Beate Baumann. Ce triumvirat survit à
l'élection. La « machine à laver » comme les Berlinois appellent la chancellerie à cause des hublots
qui ornent sa façade carrée, devient le « girls
camp ».

« C'est une des trouvailles linguistiques les plus
intéressantes que j'ai entendues[5] », dira la chancelière. Mais elle s'en distancie : « Des femmes à des
postes de responsabilités, entourées d'autres femmes,
cela paraît toujours étrange et on y associe facile-
ment une atmosphère de ragots… Cette expression
est à la fois perfide et amusante. »

186

Dans la nouvelle équipe qui se met en place Beate Baumann occupe une place particulière. « La femme derrière Merkel », « l'ombre » de la chancelière, « le fantôme » qui hante la politique berlinoise : les mêmes images reviennent en boucle sous la plume des journalistes politiques pour la cerner. « Une des premières choses que la chancelière a changées[6] » est la place occupée par la chef de cabinet, rapporte l'hebdomadaire *Der Spiegel*. Sigrid Krampitz qui occupait cette fonction auprès de Gerhard Schröder était installée au septième étage, un niveau au-dessous du chancelier. Baumann accroche son manteau au huitième, à quelques pas du bureau de sa patronne. La chancelière la veut à ses côtés.

La « chef de bureau » est un hybride du chef et du directeur de cabinet à la française, « à la fois assistante, organisatrice et conseillère[7] ». Elle relit les interviews, contrôle les discours, est de toutes les réunions. Elle fait aussi la loi dans les rangs de la CDU, où elle est crainte, parfois honnie. De ses entretiens singuliers avec les ténors du parti, il ne filtre presque rien, sinon qu'elle est très présente et très influente. Trop, même.

La presse allemande a fait son deuil des confidences recueillies hors micro. Les phrases meurent sur les lèvres de ceux qui ont dû ployer devant elle. Gare aux bavards ! Si quelque chose filtre, « Bauman va chercher à savoir avec qui vous avez parlé. Elle est paranoïde... Elle peut être terriblement dangereuse[8] », confie en 2007 un familier du pouvoir au magazine *Stern*, sous couvert d'anonymat.

187

Elle est « la deuxième femme la plus puissante d'Allemagne », tranche sans hésitation une source berlinoise.

Merkel sans Sauer

D'elle, on sait peu de chose. Peut-être n'y a-t-il pas grand-chose à savoir. Depuis deux décennies, elle chemine dans l'ombre d'Angela Merkel. Elle n'a jamais servi personne d'autre. Les deux femmes ont été présentées en 1992 par Christian Wulff, ancien président de la Junge Union[9] et étoile montante de la CDU en Basse-Saxe. À l'époque, Angela Merkel, ministre des Femmes de Helmut Kohl, est à l'hôpital, une jambe dans le plâtre. Surmenage. Le corps qui lâche. Elle décide de se faire aider et demande à Wulff s'il n'a pas quelqu'un à lui recommander. Il lui présente une thésarde de vingt-neuf ans qui termine des études d'anglais et d'allemand, menées à Münster et Cambridge. Beate Baumann met entre parenthèses ses ambitions d'enseignante pour devenir assistante personnelle d'une jeune Ossie de neuf ans son aînée. Elle ne quittera plus la politique. Elle suit Merkel du ministère des Femmes à celui de l'Environnement, où elle serait bien restée mais auquel elle renonce pour suivre sa patronne à la CDU. De là, elle passe au groupe politique au Bundestag et finalement à la chancellerie.

Il y a plus que de la complicité et une totale confiance entre les deux femmes : il y a une surprenante ressemblance jusque dans la démarche. Tailleurs pantalon, talons plats, absence totale de coquetterie : si Merkel avait continué à suivre les conseils de Baumann, elle ressemblerait toujours à la ministre mal coiffée et bizarrement habillée des années 1990. Sur ce point, elle s'est affranchie de son « ombre ». Pour le reste, non. Les deux femmes partagent une absolue dévotion à leur travail, celui de Baumann consistant à faire en sorte que la chancelière conserve le pouvoir après l'avoir aidée à le conquérir. En dehors du quadrilatère du quartier gouvernemental, on ne lui connaît pas de vie. Ni mari, ni enfant, ni loisir. Merkel sans Sauer.

Si elles se vouvoient encore après vingt années passées côte à côte, s'il leur arrive d'avoir des différends, elles sont inconcevables l'une sans l'autre.

Les Merkel's Boys

Le plus frappant dans l'entourage immédiat de la chancelière n'est pas tant la présence de femmes que la ressemblance entre ses collaborateurs masculins. « Aucun n'a le profil typique du politicien allemand, à part Altmaier », note une observatrice de la politique berlinoise. Par « profil typique », il faut comprendre celui du quinquagénaire enrobé surreprésenté sur les bancs du Bundestag. Réputé cuisinier hors pair, polyglotte, Peter Altmaier en est effectivement une bonne illustration. Ce Sarrois de cinquante-cinq ans a un tour de taille « kohlien ».

Réputé pour sa totale loyauté à la chancelière et son habileté politique, il est devenu ministre de l'Environnement après que la chancelière eut donné son congé à Norbert Röttgen.

Les autres « Merkel's Boys » ne ressemblent effectivement pas à ce bon vivant. Nés après 1959, ils partagent une sorte d'élégance détachée qui ne rappelle pas vraiment une fraternité de buveurs de bière. Dans ce « club merkélien » ont défilé Thomas Steg, ancien collaborateur de Gerhard Schröder, coureur de marathon à ses heures, que Merkel garde dans un premier temps à la chancellerie comme porte-parole adjoint[10], mais aussi Ulrich Wilhelm, son porte-parole pendant le premier mandat, surnommé le Robert Redford[11] de la chancellerie, Steffen Seibert, son successeur, aussi brun que Wilhelm était blond, Uwe Corsepius et Nikolaus Meyer-Landrut, le tandem européen, tous deux nés en 1960 et le visage également émacié, et le plus jeune, son conseiller économique, Jens Weidmann, qu'elle propulse en 2011, à quarante-trois ans, à la tête de la Bundesbank. Quoique plus âgé, Christoph Heusgen, ancien secrétaire général du Conseil de l'Union européenne, conseiller diplomatique depuis 2005, partage avec les autres l'allure typique des « Merkel's boys ».

Si la chancellerie est tenue par des Amazones, leur garde rapprochée est composée de Spartiates.

Le pasteur de sa coalition

Assis à son bureau, Gerhard Schröder regardait vers l'intérieur de la chancellerie et laissait à ses interlocuteurs la vue dégagée sur le centre de Berlin. En prenant possession des lieux, Angela Merkel a fait passer son fauteuil de l'autre côté[12]. Désormais, c'est elle qui fait face au Reichstag et à la porte de Brandebourg.

Sa journée commence autour de 8 heures par la *Morgenlage*, le « point du matin ». Autour de la table, le premier cercle : Beate Baumann et Eva Christiansen, le chef de la chancellerie (jusqu'à 2010 Thomas de Maizière, depuis Ronald Pofalla), le porte-parole (Ulrich Wilhelm puis Steffen Seibert) et éventuellement le président et le secrétaire général du groupe CDU/CSU au Bundestag. Trente à quarante-cinq minutes de *debriefing*, rarement plus, qui commence avec une revue de la presse et continue par une discussion ouverte sur les sujets du moment, différente chaque jour.

Puis commence la ronde des visites et des déplacements qui est le lot des puissants, et l'inlassable « pétrissage » des majorités parlementaires. Alors qu'un président français est l'avocat de son gouvernement dans l'opinion et de son pays dans le monde, une chancelière se doit d'être aussi le pasteur de sa coalition, écoutant et prêchant tour à tour devant son Parlement.

Le Bundestag est son deuxième bureau. Elle y passe chaque semaine l'après-midi du mardi, pour la réunion de son groupe politique qu'elle ne préside évidemment pas. Mais les autres occasions de traverser l'esplanade de l'ancien *no man's land* qui a séparé les deux parties de la ville pendant 28 ans pour se rendre au Reichstag ne manquent pas. Il y a les réunions de la coalition, les auditions devant les commissions parlementaires, et les plénières où il faut voter. Comme les autres membres du gouvernement, la chancelière est aussi député. Sa circonscription est située sur la côte baltique, dans le Mecklembourg.

Elle utilise à l'occasion son petit bureau du Bundestag pour des entretiens en tête à tête. On la voit aussi parfois assise au fond de la salle plénière, en train de bavarder avec tel membre de la majorité ou de l'opposition. Cette proximité entre l'exécutif et le législatif est difficilement concevable en France. Elle se double, chez Angela Merkel, d'une culture du contact, du dialogue, qui la met à mille lieues de l'espèce d'aura magique qui isole un président de la République, y compris de ses propres ministres. Lors des Conseils européens, pendant les dîners du Parti populaire européen, on la voit passer de l'un à l'autre. Point après point, elle tricote les compromis, coud les conclusions.

Épuisante de précision, intransigeante sur la discrétion

À la chancellerie, Gerhard Schröder recevait souvent renversé en arrière dans son fauteuil, le cigare aux lèvres, impeccable dans son costume Brioni. Elle préfère faire s'asseoir ses visiteurs à la table de réunion située près de l'entrée de son immense bureau de 140 mètres carrés.

Lui abordait souvent les sujets « à l'instinct ». Elle décortique minutieusement les notes de ses services avant la réunion, ce qui ne l'empêche pas de s'en remettre parfois à son sens aigu du pouvoir. Elle entame les réunions avec un ordre du jour précis sous les yeux.

« Elle connaît tout, jusqu'au moindre détail » est la réflexion qui revient le plus souvent dans la bouche de ses interlocuteurs. Elle ne maîtrise pas seulement le fond des dossiers, mais aussi la position politique de ses interlocuteurs, leurs marges de manœuvre, et par conséquent la manière de les faire bouger. « Elle ne lâche jamais rien. C'est épuisant », note une source française entre agacement et admiration. Les aimables échappées discursives sur le destin du monde ne lui disent rien.

Avec ses collaborateurs, on la dit cordiale et patiente. « Elle était toujours simple et objective », raconte l'ancien secrétaire d'État aux Finances Jörg Asmussen qui l'a accompagnée dans la tourmente de la crise. Autant elle élimine sans pitié les concurrents et les imprudents, autant elle est fidèle aux alliés efficaces. Chacun connaît la règle, rappelée s'il en est besoin par la fidèle Beate : pas d'indiscrétion. La loyauté n'est pas une qualité, mais une exigence. Elle suppose le silence.

Son style peu sophistiqué cache une communication très maîtrisée. Sa vie privée est protégée par une absolue *omertà*. N'en filtre que ce qu'elle veut bien dire. « Les journaux savent qu'ils ne doivent pas franchir la ligne rouge s'ils veulent garder accès à la chancellerie », explique l'ancien journaliste Thomas Klau.

En privé, la chancelière se met volontiers dans le rôle de la *Begleitung* (l'accompagnatrice) de son époux. On la voit venir s'assoir à la table du dîner d'une société scientifique, sans prendre la parole, comme une ancienne consœur. À force d'agir comme une « femme comme tout le monde », elle a réussi à imposer cette image complètement à contre-courant de la « peopolisation » de la classe politique.

Les inconditionnels sont nombreux. Michel Barnier, qui l'a connue dans sa période « bonnoise » quand il était ministre de l'Environnement d'Édouard Balladur, ne tarit pas d'éloges sur sa connaissance des dossiers et son calme. Même admiration chez l'ancien ministre des Affaires européennes Alain Lamassoure, un autre des rares fidèles français des réunions du PPE. « Elle est toujours très simple et pleine de sang-froid. Je n'ai jamais vu cette femme manifester un mouvement d'impatience. Elle a un très grand contrôle d'elle-même », dit-il.

Ce qui ne l'empêche pas de se montrer très directe quand elle est sûre de son fait, comme lors des négociations budgétaires européennes de 2013. Le fonds d'adaptation à la mondialisation ? L'aide aux plus démunis ? « Ça ne sert à rien », aurait-elle tranché en plein Conseil européen. Et « quand elle parle, je peux vous assurer que tout le monde l'écoute », raconte un habitué.

Ceux qui la pratiquent dans les cercles européens ont d'abord été surpris par tant de sobriété et de sérieux. Ils s'y sont faits. C'est qu'elle sait aussi être irrésistiblement drôle.

« *Is that a gun in your pocket ?* »

Elle n'a pas son pareil pour mettre une assemblée de son côté, sans la flatter mais en révélant le comique, voire l'absurde, d'une situation. Ainsi de cette conférence de presse tardive à Washington, pendant son premier mandat. Les journalistes, cassés par le *jetlag*, sont parqués depuis plusieurs heures dans une salle aveugle, autour de quelques sandwiches déprimants et d'une horrible piquette. Enfin elle arrive. Un serveur lui apporte un verre immense, comme ceux dans lesquels sont servis les très bons vins. Immédiatement tous les regards des journalistes convergent vers le précieux nectar. Au lieu de s'excuser de ce traitement de faveur, elle suscite l'hilarité en leur lançant : « Celui-là, vous ne l'aurez pas. »

Pendant le sommet européen de décembre 2012, la chancelière est assise à la table du Conseil quand le Premier ministre néerlandais Mark Rütte vient prendre place à côté d'elle. Son carnet de notes marque un angle saillant dans la poche de son pantalon. Derrière eux, le cameraman chargé de filmer les arrivées surprend alors dans la bouche de la chancelière cette célèbre réplique de Maë West : « *Is that a gun in your pocket, or are you just glad to see me*[13] ? » Le Batave reste interdit.

Les blagues de Merkel sont meilleures que celles que l'on raconte à son sujet, assure la journaliste Evelyn Roll. Alors qu'elle est déjà présidente de la CDU, elle se fait mordre par un chien pendant une promenade à vélo. La voilà harcelée par la presse qui la soupçonne d'avoir monté cette affaire de toutes pièces pour attirer l'attention. Lassée de ces assauts, elle finit par lâcher : « À la fin, c'est à se demander si ce n'est pas moi qui ai mordu le chien. »

Elle aime par-dessus tout saisir l'ironie d'une situation. Pendant la crise bancaire, sa blague préférée est : « Quelle est la différence entre le socialisme et le capitalisme ? Dans le socialisme, on commence par nationaliser et la ruine vient ensuite. »

« Elle s'amuse », pense un élu CDU. « Il y a bien sûr des moments d'agacement, des moments d'épuisement aussi naturellement, à cause du rythme effréné. Mais fondamentalement, elle s'amuse depuis ses débuts. »

2.

LA RÉSURRECTION
DU TRAITÉ CONSTITUTIONNEL

Le 9 mai 2006, jour de la fête de l'Europe, la chancelière commence son discours par une pique adressée aux eurocrates. « C'est aujourd'hui la fête de l'Europe. J'ai appris que les fonctionnaires de la Commission sont à cette occasion en congé. Heureusement que les commissaires doivent travailler, sinon nous n'aurions pas eu Monsieur Verheugen[1] avec nous ! » Elle aborde l'intégration européenne sans pathos ni tabou.

Sortir de l'impasse du « non » français

Exercer le pouvoir, c'est essentiellement gérer un héritage. Le sien et celui des autres. Dès les premiers mois de son mandat, la chancelière doit s'attaquer au problème du blocage du traité constitutionnel qui découle des « non » français et néerlandais au printemps 2005.

L'enjeu est très concret. Le traité constitutionnel apportait à son pays un gain de pouvoir grâce
au système de double majorité imaginé par les
conventionnels. Ce changement permettrait de traduire en poids politique la prépondérance démo-
graphique de la République fédérale en Europe.
Pas de traité, pas de la double majorité[2]. Pire, le
statu quo menace le siège de l'Allemagne (comme
d'ailleurs celui de la France) à la Commission européenne. Le traité de Nice[3], qui reste en vigueur, ins-
titue en effet une rotation des commissaires qui
fait qu'« un jour un grand État membre n'aura plus
de siège permanent à la Commission », rappelle-
t-elle. « Je le dis en toute sincérité. L'idée que
l'Allemagne n'y soit pas me fait de la peine, pas
seulement à cause de Monsieur Verheugen, mais
pour des raisons de principe[4]. »

Elle juge les réformes institutionnelles absolument indispensables. Il les lui faut. Elle les aura.

En un an, elle organise la résurrection du traité
constitutionnel avec l'aide d'une discrète armée
d'hommes de l'ombre. Sans sa tranquille obstination, l'Union européenne aurait abordé la crise de
2008-2009 avec l'armement juridique et institution-
nel du traité de Nice. C'eût été catastrophique.

Or, à l'automne 2005, personne en Europe n'avait
la moindre piste crédible pour sortir de cette situation par le haut. La solution passait nécessairement,
même si pas uniquement, par Paris. Mais à l'Élysée,
Jacques Chirac n'avait aucune intention de remettre
l'ouvrage sur le métier avant les élections présiden-

tielles de 2007. La chancelière, qui devait prendre la présidence de l'Union européenne le 1er janvier 2007, ne pouvait se permettre d'attendre que son successeur soit élu, le scrutin français ayant lieu en mai.

Son premier mouvement a été de chercher à obtenir une ratification du texte par les deux pays nonistes, ce qui, vu de France, était totalement exclu. Paris pensait déjà à un autre traité. Elle non. Seule une diplomatie secrète menée à un niveau infra-politique a permis de débloquer la situation.

Les hommes de l'ombre

Angela Merkel s'est entourée dès son arrivée d'hommes qui ont la mémoire du dossier. Elle garde auprès d'elle, comme conseiller Europe, Uwe Corsepius, ancien proche de Gerhard Schröder. Cet économiste travaille depuis vingt ans à la chancellerie. Il deviendra en 2011 le premier des fonctionnaires européens en succédant à Pierre de Boissieu comme secrétaire général du Conseil des ministres. Elle le fait seconder par un diplomate de quarante-cinq ans : Nikolaus Meyer-Landrut, qui fut en 2002 et 2003 le porte-parole du président de la Convention, Valéry Giscard d'Estaing. Parfait francophone, disposant de vastes réseaux à Bruxelles et dans le reste de l'Europe, il n'ignore rien des débats qui ont déchiré les 105 délégués.

Ces *missi dominici* ont pour mission de sauver le traité et, à défaut du traité, toute sa substance. Ils vont travailler le long de deux voies parallèles : juridique et politique.

Sur la suggestion du secrétaire général du Conseil Pierre de Boissieu, ils mettent sur pied un groupe de juristes, le « groupe Piris », du nom du jurisconsulte du Conseil. Jean-Claude Piris a déjà commencé à travailler « à froid » sur ce monstre de près de 450 articles pour voir ce qu'il était possible d'en garder et il a noué contact avec Uwe Corsepius.

Du « minitraité » au traité constitutionnel bis

À Paris, face à l'inertie de l'Élysée, Nicolas Sarkozy prend la main. Le ministre de l'Intérieur et président de l'UMP est convaincu qu'il ne faut pas repasser par la case « référendum ». Cela suppose de présenter au Parlement un texte aussi différent que possible de celui que les Français ont rejeté. Dès l'automne 2005, il réfléchit à un « minitraité » de dix ou douze articles qui reprenne les dispositions les plus importantes du traité constitutionnel. Il demande alors à Alain Lamassoure de tester l'idée.

L'ancien ministre des Affaires européennes et ancien membre de la Convention connaît son traité sur le bout des doigts. Il juge l'exercice juridiquement faisable, mais pas dans un format aussi réduit. « J'ai dit à Sarkozy : "Arrête de parler de dix articles. Il en faudra dix fois plus que cela" », raconte le Palois. Sarkozy l'envoie à Berlin. En mai 2006, il y rencontre Wolfgang Schäuble qui ne veut pas entendre parler d'un minitraité. Le ministre de l'Intérieur allemand lui dit en substance : nous avons ratifié, maintenant c'est à vous de le faire. C'est le blocage.

Mais d'autres signaux, moins intransigeants, ont dû arriver de Berlin à Paris, car dans les semaines qui suivent, Lamassoure change alors d'interlocuteur. À la chancellerie, il retrouve Nikolaus Meyer-Landrut[5], qu'il connaît bien pour avoir siégé à la Convention. Les deux hommes se voient à deux reprises le 16 octobre et le 22 novembre 2006. Au premier entretien, Lamassoure explique à nouveau qu'une ratification du traité constitutionnel est exclue. Son interlocuteur lui dit qu'elle est nécessaire.

En réalité, les bases d'une négociation viennent d'être jetées. L'Allemagne tient aux dispositions institutionnelles. La France veut en faire disparaître d'autres, celles sur les politiques européennes, qui ont été attaquées pendant la campagne référendaire mais indiffèrent Berlin. Il y a moyen de s'entendre.

À partir de la fin de l'année 2006, juristes, diplomates et politiques se mettent à travailler dans le même sens : « Celui d'un traité qui doit être le même tout en étant complètement différent », raconte un protagoniste. Le démontage du texte de la Convention commence alors. Les articles tombent par dizaines dans la corbeille.

Prudemment, dans son discours d'entrée en campagne le 17 janvier 2007, Nicolas Sarkozy ne parle plus de « minitraité » mais de « traité simplifié ».

201

Corsepius et Meyer-Landrut consultent tous azimuts en Pologne, aux Pays-Bas, au Danemark, au Royaume-Uni, en Irlande et ailleurs, pendant que le groupe Piris se charge de recoller les morceaux. La machine est en marche.

Le 14 février 2007, veille de la visite du candidat Sarkozy à Berlin, Lamassoure revoit Meyer-Landrut, Corsepius et enfin Angela Merkel elle-même. Le principe d'un nouveau traité européen est alors acquis.

« Rien ne doit rester pareil »

Pour le 50ᵉ anniversaire des traités européens, on avait parlé de se retrouver à Rome, où la communauté économique avait été portée sur ces fonds. Dans une Europe qui s'étendait désormais au-delà de la Vistule et des Carpates, la porte de Brandebourg était un décor plus adapté que le Capitole pour l'anniversaire des textes fondateurs. La chancelière présidait l'Union européenne jusqu'au 30 juin 2007. Elle saisit l'occasion pour donner sa version de l'histoire aux côtés des vingt-six chefs d'État sagement alignés quelques pas derrière elle près de leurs drapeaux. On se donna rendez-vous à Berlin.

Là, elle leur parla du Mur… et de ce nouveau traité qu'elle voulait coûte que coûte. « J'ai grandi dans la partie est de cette ville, en RDA. Quand le traité de Rome a été adopté, j'avais trois ans. J'en avais sept quand le Mur a été érigé. Il divisait aussi ma famille. Je ne pensais pas qu'avant l'âge de la retraite je pourrais voyager librement à l'Ouest. Ma route s'arrêtait à quelques mètres d'ici. Mais le Mur est enfin tombé. J'ai fait, dans ma chair, l'expérience que rien ne doit rester pareil... »

Rien. Ni le Mur. Ni les traités européens.

Elle leur parle de faire leur deuil de la Constitution et néanmoins de ne pas renoncer à « renouveler la forme politique de l'Europe ». Rien n'était moins évident. À l'époque la Pologne est dirigée par les jumeaux Kaczynski dont l'ultraconservatisme et le nationalisme consternent le reste du continent. Lech et Jaroslaw entretiennent le doute sur la signature de la déclaration préparée par la chancellerie à l'occasion de cet anniversaire. Cette déclaration parle d'« assoir l'Union européenne sur des bases communes rénovées d'ici les élections au Parlement européen de 2009 ».

Avant la cérémonie officielle, Angela Merkel, qui est déjà allée leur rendre visite à Varsovie, prend Lech à part et le convie à une promenade sous la porte de Brandebourg. Avant la chute du Mur, lui dit-elle en substance, je n'habitais pas loin d'Unter den Linden[6], mais du mauvais côté. Je ne pouvais passer sous la porte. Pour moi, c'est vraiment tout le sens de l'intégration européenne : consolider l'unité de l'Est et de l'Ouest. « Il était franchement ému. Par la suite, ils n'ont plus eu de problème avec lui s'agissant de la déclaration », raconte un participant à la célébration.

Au moment où Angela Merkel tire des larmes à Lech Kaczynski sous la porte de Brandebourg, la préparation du futur traité de Lisbonne est déjà très avancée. À tel point que la chancelière juge possible de conclure le gros de la négociation sous la présidence allemande, ce qui permettrait de convoquer dès l'été la conférence intergouvernementale qui parachèvera le texte.

Reste l'incertitude créée par l'élection française. La candidate socialiste Ségolène Royal a promis d'ajouter un volet social au traité, ce qui déboucherait sur des négociations sans fin. Mais le 6 mai, c'est le candidat de l'UMP Nicolas Sarkozy qui est élu. À moins de deux mois de la fin de la présidence allemande, le rythme des négociations peut s'accélérer en vue du sommet du 21 juin.

« Il déconne ! »

La préparation d'un nouveau traité a rouvert la boîte de Pandore. Chaque pays arrive avec ses revendications particulières. « Il y avait des problèmes gigantesques. Tout le monde en avait », raconte un protagoniste. Les juristes du Conseil les classent dans autant de « chemises » qui s'entassent sur leurs bureaux. Il y en aura jusqu'à cinquante-deux. Les *missi dominici* de la chancelière font le tour de l'Europe pour les ramener à quelques-uns. Deux semaines avant l'échéance, le mandat de la conférence intergouvernementale est pratiquement prêt.

Il ne reste plus qu'à percer les abcès de fixation politiques. C'est le rôle de la présidence.

Le jeudi 21 juin après-midi, le sommet présidé par Angela Merkel s'ouvre, comme toujours, par une série de « confessionnaux[7] » et de discussions bilatérales. Lech Kaczynski, le président polonais, est arrivé avec une demande extravagante : la règle de la double majorité est inacceptable car elle donne à l'Allemagne plus de voix qu'à la Pologne. Il n'en veut pas. Or, toucher à la double majorité remet en cause tout l'équilibre des pouvoirs au sein de l'Union. L'unanimité étant requise, la Pologne tient le sommet en otage.

Angela Merkel voit le président français. La seule chose qui puisse faire céder le Polonais, dit-elle, est de le menacer de lui faire porter la responsabilité d'un échec du sommet, lui dit-elle. S'il s'obstine, elle prend sur elle de clore la réunion et de reporter *sine die* la négociation. Sarkozy, dont c'est le premier Conseil européen, promet de la soutenir. Sûre de son allié français, elle reprend la ronde des entretiens, pendant que Sarkozy s'échappe pour une petite virée dans Bruxelles avec son ministre des Affaires étrangères, Bernard Kouchner, son conseiller diplomatique, Jean-David Levitte, et l'ambassadeur Pierre Sellal.

Les heures passent. Merkel continue de buter sur l'obstination polonaise. Elle juge le moment venu de mettre Varsovie devant ses responsabilités. Il est 22 heures. Elle invite les chefs d'État et de gouvernement à l'étage 80 du Juste Lipse pour la séance plénière, autour du dîner. Mais les sièges de Sarkozy et Kaczynski restent vides. Quand le Français et le Polonais rejoignent finalement leurs pairs dans une atmosphère tendue, la chancelière entonne le couplet convenu : son origine est-allemande, son attachement à la grande Europe, la beauté du projet de ce grand traité, etc. « Mais je suis obligée de constater que la Pologne se met à l'écart », dit-elle. C'est alors que, contre toute attente, Sarkozy la prend à contrepied et entreprend de défendre Kaczynski sur le même registre : la chute du Mur, le poids de la Pologne en Europe. « On ne peut pas laisser nos amis polonais au bord de la route », ajoute-t-il.

« Elle est devenue blanche », raconte un participant. Stupéfait par la sortie de Sarkozy, son éternelle cigarette au bec, le Premier ministre luxembourgeois Jean-Claude Juncker souffle un : « Il déconne ! » dans un nuage de fumée. La surprise passée, Merkel reste « d'un calme total », rapporte un participant. Les négociations, qui avaient commencé huit heures plus tôt, reprennent. Le Premier ministre belge, le libéral Guy Verhofstadt, monte au front avec une série d'amendements à connotation très fédéraliste. Tony Blair demande un *opt out* pour le Royaume-Uni sur la charte pour les droits fondamentaux. Elle ignore le Belge, accède à la demande anglaise et « emballe » celle de la Pologne dans une solution communautaire classique : une période de transition. Le principe de la double majorité est maintenu mais il entrera en vigueur en 2014. La face est sauve et le traité sur des rails.

À l'aube, les vingt-sept se séparent sur un accord. De justesse. Le traité sera signé à Lisbonne, sous présidence portugaise, le 17 décembre 2007. La crise politique ouverte deux ans plus tôt par les référendums français et allemand est passée. Une autre se profile, aux conséquences autrement plus dramatiques.

3.

LE GOUFFRE FINANCIER

Forte de ce succès diplomatique, Angela Merkel termine dans une relative tranquillité sa deuxième année de mandat quand elle voit monter la vague du tsunami financier. Elle laisse alors jouer ses vieux réflexes de scientifique : elle cherche à comprendre. Elle ne se contente pas d'inviter quelques professionnels de la finance à venir lui confier leur analyse. Elle ne consulte pas uniquement ses conseillers. Elle veut saisir ce qui, fondamentalement, ne va pas. Elle lit Mandelbrot.

Une approche « fractale » de la crise

Benoît Mandelbrot fait partie de ces Européens dont le destin s'est accompli de l'autre côté de l'Atlantique. Mathématicien franco-américain né à Varsovie en 1924, issu d'une famille juive d'origine lituanienne[1], formé au lycée du Parc à Lyon puis à l'École polytechnique, il mène une brillante carrière aux États-Unis. Il fonde « une nouvelle branche des mathématiques qui perçoit l'ordre caché derrière le désordre apparent, le planifié dans l'imprévu, le schéma régulier dans l'irrégularité et la rugosité de la nature » : la théorie fractale. Avec cette simplicité propre aux maîtres, il aime jeter un pont entre sa vie singulière d'homme ballotté par l'histoire et l'universalité des concepts auxquels il a consacré sa carrière de chercheur. Il raconte comment après avoir fait très tôt « l'apprentissage du risque », comme réfugié polonais vivant clandestinement dans la France occupée par l'armée du Troisième Reich, il y a pris goût, « refusant la sécurité offerte par les institutions françaises » pour se consacrer aux « déambulations intellectuelles qu'une entreprise américaine [IBM] permettait à un homme de science[2] ». Les théories qu'il y développe à partir des années 1960 trouvent des applications dans d'innombrables domaines et particulièrement en finance. L'explosion de la bulle internet à la fin des années 1990 avait déjà contribué à rendre populaire sa critique acérée des modèles enseignés à l'université, dont le célébrissime Black-Scholz. Celle des *subprimes* a donné à ses écrits un caractère prophétique.

La fille de pasteur autant que la physicienne a dû être sensible à l'analyse du vieux sage qui réconcilie l'analyse scientifique la plus pointue avec le sens commun. Elle apprend que « la route suivie par la plupart des théoriciens [de la finance] est mauvaise et qu'elle conduit à une grave sous-estimation des risques de ruine financière dans une économie de marché libre et globale[3] », comme la suite allait le démontrer de façon spectaculaire. Mandelbrot, qui meurt en 2010 à Cambridge (États-Unis), porte un jugement très sévère sur les « modèles conventionnels » et ceux qui les utilisent, estimant qu'ils « violent le serment » d'Hippocrate au nom duquel ils devraient s'efforcer de « ne pas causer de tort » à l'économie et à la société.

« Les idiots de Düsseldorf »

En 2007, les banques publiques allemandes manifestent des signes de faiblesse inquiétants. Dans *F.I.A.S.C.O.*, saisissant essai sur le boom des produits dérivés de la fin des années 1980 et du début des années 1990, l'ancien banquier d'investissement Frank Partnoy raconte avec quel manque de scrupule Wall Street refilait, au terme de complexes opérations de titrisation, les mauvais crédits du marché immobilier américain à ses riches clients allemands que ses vendeurs appelaient entre eux « les idiots de Düsseldorf[4] ».

La crise des subprimes américains devient européenne le 9 août 2007, avec l'injection, par la BCE, de 95 milliards d'euros dans les circuits interbancaires. En Allemagne, elle a déjà commencé à se manifester avec les déboires d'IKB, une vénérable institution créée en 1924 et installée à Düsseldorf. Les dirigeants de la Deutsche Industriebank, spécialiste du financement à long terme des entreprises, se sont laissé allécher et corrompre par les banques d'investissement américaines, transformant en quelques années leur établissement en portefeuille de titres pourris. Avant l'été, IKB a déjà frôlé plusieurs fois la faillite et ne doit déjà plus sa survie qu'à des lignes de crédit colossales[5]. « IKB a été un tournant, parce que à partir de ce moment-là il est devenu clair pour beaucoup que ce n'était pas un problème qui nous était extérieur mais quelque chose qui nous concernait directement », explique une source proche de la chancelière.

Pendant plus d'une année, la Banque centrale européenne est seule à prendre la mesure des risques et à agir en conséquence. Certes les opérations de liquidité d'août 2007 et des mois suivants sont suivies de très près à la chancellerie, mais elles n'appellent pas de réaction particulière. À la fin du mois d'août 2007, Angela Merkel et Nicolas Sarkozy publient une lettre commune dans laquelle ne s'esquisse aucune stratégie. On y parle un peu de stabilité financière, un peu du taux de change de l'euro (vieux point de fixation français que la politique de change), un peu de coopération industrielle. C'est le calme avant la tempête.

Le poison Lehman

Un calme inquiétant, ponctué de coups de tonnerre. En mai 2008, Bear Stearns tombe en quelques heures dans l'escarcelle de JPMorgan Chase. Angela Merkel sait alors que le système est vicié, que les hypothèses de distribution des risques sur lesquelles reposent les stratégies des analystes et investisseurs sont fausses et qu'un grand nombre d'entre eux sont promis aux pires difficultés. « À la chancellerie, comme au ministère [des Finances], nous nous sommes dit : il y a trop d'accidents individuels. Peut-être quelque chose ne fonctionne pas dans le système. Cela n'a pas de sens d'apporter des réponses individuelles à chaque fois, il faut une réponse systémique », raconte Jörg Asmussen, conseiller de Peer Steinbrück, puis secrétaire d'État au ministère des Finances à partir de juillet 2008. Cette impression est devenue « tout à fait claire » après le lundi 15 septembre, jour où est annoncée la faillite de Lehman Brothers.

Le vendredi qui précède la faillite, Peer Steinbrück est à Nice pour une rencontre informelle des ministres des Finances. Christine Lagarde, puissance invitante (nous sommes sous présidence française), n'a de mots que pour « les PME », qu'il convient de soutenir, et la relance d'une économie européenne déprimée. Le président de la Banque centrale européenne Jean-Claude Trichet met en garde contre les risques d'inflation. Le commissaire européen aux Affaires économiques Joaquin Almunia entonne un couplet sur le chômage… Sous le soleil niçois, on est apparemment à mille lieues de la réalité financière du moment. Les signaux arrivant des États-Unis restent positifs, sinon optimistes. Les choses se compliquent pendant le week-end. Washington décide de laisser couler Lehman Brothers et met au courant les Européens pour tenter d'anticiper les conséquences. La chancelière est à Berlin. Jens Weidmann passe le week-end en famille à Francfort. On attend lundi avec appréhension. La chute de Lehman fait les titres de la presse. Dans un premier temps, le DAX, l'indice boursier allemand, comme les autres bourses européennes, se maintient. Mais le poison Lehman a commencé à faire doucement son chemin dans le système financier global. Après deux semaines, il a paralysé les banques européennes.

Rien de tel que le « Bauchgefühl »

Après IKB, la Bayerische Landesbank, la WestLB, la Commerzbank, Aareal Bank, HSH Nordbank et la Deutsche Pfandbriefbank vacillent à leur tour en 2008 et s'effondrent finalement les unes après les autres. On assiste alors à Berlin à un véritable défilé de banquiers. La chancelière impressionne ses visiteurs par sa connaissance des détails de la situation. Elle note que son constat, appuyé sur l'analyse sans appel de Mandelbrot, n'est pas très largement partagé. « Quand la crise a commencé à se profiler, un grand nombre de ses interlocuteurs déployaient encore une argumentation très tranquillisante. Ils étaient finalement assez peu nombreux à reconnaître ouvertement les risques encourus et à en parler. Il y en avait beaucoup qui étaient dans un état de déni. Nous en avions qui répondaient à nos questions critiques sur le fait que leur *business model* ne fonctionnait pas en disant que, non, cela ne pouvait se produire, qu'ils s'étaient rétablis, que leur système était sûr. Deux semaines plus tard, ils se retrouvaient à la même place et devaient reconnaître que leur banque allait fermer », raconte une source berlinoise. Dans l'année qui suit la chute de Lehman, l'État fédéral allemand va débloquer 80 milliards d'euros de cash et 400 milliards d'euros de garanties pour éviter l'effondrement de ses banques.

La chancelière ressort de ces mois de tension confortée à la fois dans son scepticisme de scientifique et dans sa méfiance naturelle, héritée d'une longue fréquentation du panoptique est-allemand. La manière un peu académique dont elle est entrée dans la crise a une conséquence paradoxale : tout en ayant une connaissance technique plus poussée que la plupart des autres chefs d'État européens, elle les rejoint sur l'idée qu'en la matière le moment est venu de s'en remettre au simple bon sens, qu'il est temps de faire à nouveau prévaloir le *Bauchgefühl*, autrement dit l'instinct viscéral. Toute cette technicité financière cache en réalité beaucoup d'improvisation, de manque de professionnalisme et de cupidité. Le moment est venu de rétablir des règles. Pas des standards taillés sur mesure pour les prédateurs de Wall Street, mais des lois compréhensibles et compatibles avec la prudence élémentaire. Sur ce terrain de la régulation financière, elle rejoint le président français et se livrera avec lui à un pas de deux très réussi lors de la conférence de presse du G20 de Londres, en avril 2009. Avant cela, il aura fallu encore écarter quelques nuages.

Chacun pour soi

Pendant ces terribles semaines de 2008 où l'économie mondiale menace de sombrer sous le choc que provoqueraient des faillites bancaires en chaîne, Nicolas Sarkozy assure la présidence de l'Union européenne. Il prend le taureau par les cornes et imagine de réunir à Paris les principaux dirigeants européens pour articuler une réponse politique à cette déferlante. François Pérol, secrétaire général adjoint de l'Élysée, et Xavier Musca, alors encore directeur du Trésor, sondent Berlin. L'accueil est glacial. La chancelière est « résolument hostile », rapporte un des *missi dominici* du président. La chancelière ne voit pas l'utilité d'une réunion.

Elle a besoin de temps pour réfléchir à la bonne manière de procéder. Elle est agacée par l'activisme de son homologue français. Sa plus proche conseillère, Beate Baumann, est totalement dépourvue d'expérience en matière financière. Berlin est loin des marchés. La chancelière ne sait pas ce qu'il faut décider. Elle sait que le problème est profond. Il va falloir éponger – on ne sait trop comment – l'immense mare fétide des non-valeurs crachées par paquets de centaines de milliards depuis quinze ans. Les pertes – on le pressent – seront immenses. Mais que faut-il

216

faire *maintenant* face à un problème structurel ? Comment concilier le court et le long terme ? Paris pousse pour un plan d'ensemble pour le secteur bancaire européen, une action rapide, coordonnée, assise sur des moyens pratiquement illimités. Elle résiste.

D'autant plus que les intérêts français et allemands sont loin d'être alignés. Le secteur bancaire allemand compte peu d'acteurs de taille européenne. Dans la banque privée d'investissement, seuls Deutsche Bank, qui a perdu depuis quelques années déjà son rôle de pivot du capitalisme rhénan pour devenir, à Londres et Wall Street, un acteur de premier plan de la finance de marché, et Commerzbank, qui est en réalité en sursis, s'imposent. Le reste est constitué d'une architecture complexe de banques petites ou moyennes généralement coopératives ou mutualistes, aux ambitions régionales ou, au mieux, nationales. De surcroît, Berlin mène depuis des années de difficiles négociations avec la Commission européenne qui s'en prend à la gestion opaque des banques publiques régionales. La chancelière n'a aucune envie de satisfaire la curiosité de Bruxelles sous prétexte de crise.

En France, au contraire, ont émergé depuis le lancement de la monnaie unique plusieurs acteurs de taille européenne, au premier rang desquels BNP Paribas, mais aussi le Crédit Agricole et la Société Générale. Là où Paris insiste sur la nécessité de traiter le problème sur l'ensemble du marché européen, Berlin ne voit donc qu'activisme inutile et entrave à sa liberté d'action.

Facteur aggravant : la ministre française de l'Économie, Christine Lagarde, lance l'idée d'un fonds européen de soutien aux banques. Un véritable repoussoir pour les Allemands qui y voient le début d'une mutualisation des pertes. Paris est ouvertement soupçonné de vouloir faire payer à Berlin le coût de ses restructurations bancaires. Les discussions entre les conseillers respectifs de la chancellerie et de l'Élysée sont tendues.

Le 4 octobre, Angela Merkel arrive donc au premier sommet d'urgence convoqué par Nicolas Sarkozy « convaincue qu'il faut absolument qu'elle résiste à tout plan », raconte un participant. La rencontre entre la présence du président de la Banque centrale européenne Jean-Claude Trichet, celui de la Commission européenne José Manuel Barroso, et les trois chefs de gouvernement des plus grands pays européens dont le Britannique Gordon Brown, ne débouche sur rien de concret. Elle exprime plus de stupeur que de détermination.

Rattrapée par l'urgence

Pourtant, quelque chose a changé cet après-midi du 4 octobre. Vers 16 heures, pendant la conférence de presse finale, les portables des deux aides de la chancelière, Jens Weidmann et Jörg Asmussen, se mettent à vibrer : HypoRealEstate, un holding de banques spécialisées dans le crédit immobilier, est en train de replonger et risque la faillite dans les heures à venir s'il ne reçoit pas de nouvelle injection de cash. Deux semaines plus tôt, HRE avait déjà absorbé une ligne de crédit de… 35 milliards d'euros débloquée en urgence par le gouvernement fédéral et un consortium de banques. De nouveau, rien ne va plus. « On était dans la m… », rapporte un participant.

Dans le vol qui la ramène à Berlin le samedi en fin d'après-midi, la chancelière écoute, consulte et s'informe. Elle sent la pression politique monter. Le dimanche des élections régionales se déroulent en Bavière et un sommet de la coalition avec les sociaux-démocrates à Berlin. Vu les sommes en jeu, la débandade bancaire est grosse d'une crise interne majeure si l'on continue à réagir au coup par coup. Le moment se rapproche d'une explication devant le Bundestag. Pour HRE l'urgence commande une rallonge. Ce sera la dernière, se promet-on à la chancellerie. Il faut un plan d'ensemble.

La chancelière laisse alors la main à son allié social-démocrate Peer Steinbrück. Tard dans la soirée de dimanche, le ministre des Finances planche, aux côtés du dirigeant du géant de l'assurance Allianz et ancien de Goldman Sachs, Paul Achtleitner, de Martin Blessing, alors porte-parole de Commerzbank, de Jens Weidmann, du secrétaire d'État Jörg Asmussen et d'Axel Weber, le président de la Bundesbank. L'objet des discussions : un « bouclier » pouvant protéger tout le secteur, autrement dit une pompe à liquidité, sinon illimitée, au moins colossale.

Le 5 octobre, lendemain du sommet de Paris, le ministre des Finances commence par convoquer la presse : l'État fédéral garantit l'épargne des Allemands, dit-il. La priorité est d'éloigner le risque de *bank run*[6]. Puis il poursuit la préparation du plan de sauvetage, dans le plus grand secret et le plus vite possible, comme le lui demande la chancellerie.

Sarkozy remet le couvert

L'effet produit par la rechute de HRE n'a pas échappé à l'Élysée. Nicolas Sarkozy n'a pas renoncé à son plan européen. « Les Allemands avaient compris qu'ils avaient eux-mêmes un problème et que ce n'était pas une externalisation du problème français », résume une source française. Le 12 octobre, un sommet des chefs d'État et de gouvernement de toute la zone euro, cette fois-ci, adopte un long communiqué en cinq pages déclinant l'ensemble des mesures à prendre pour calmer le jeu. La rencontre a été patiemment préparée. « 99 % » des conclusions sont au point au moment où le Fonds monétaire international réunit à Washington tous les ministres des Finances. En marge des réunions, les conseillers de Nicolas Sarkozy, Xavier Musca et François Pérol, consultent leurs collègues, amendent et peaufinent le projet sur lequel ils planchent depuis le premier sommet d'octobre.

À Berlin, le 13 octobre, la chancelière provoque une réunion extraordinaire du cabinet qui adopte la proposition créant le Fonds spécial pour la stabilisation des marchés financiers (« SoFFin »). Le lendemain elle est devant le Bundesrat. Le mercredi et le jeudi, les commissions du Bundestag adoptent le texte. Le vote en plénière a lieu le vendredi 17 octobre. Le soir même la loi est signée par le président fédéral. Jamais une législation n'a été adoptée aussi vite. Le Soffin débloquera en tout près de 500 milliards d'euros de fonds ou de garantie pour sauver les banques allemandes.

Les Français continuent de faire pression pour coordonner les plans de sauvetage et se tournent vers la Commission européenne pour « dessiner un schéma européen de garantie » commun. Son président José Manuel Barroso refuse. C'est finalement la Banque centrale européenne qui s'en charge. « C'est qui s'appelle perdre le pouvoir », résume un acteur de ces négociations.

Pendant qu'à Berlin les « idiots de Düsseldorf » défilent au guichet du Soffin, une nouvelle échéance se prépare : les élections fédérales de l'automne 2009.

4.

« MUTTI » MERKEL

Au congrès de Stuttgart, le 2 décembre 2008, Angela Merkel est réélue présidente de la CDU avec 95 % des voix. C'est la troisième fois que les délégués du parti l'intronisent et la première où elle n'a pas eu à se battre pour s'imposer. On ne détrône pas une chancelière, *a fortiori* si elle est populaire. Pendant les quatre années de son premier mandat, son image a changé. Sa lutte pour la conservation du pouvoir est devenue moins visible. Son profil de tueuse s'est estompé. On est passé, écrit le site tagesschau.de, de la « boucherie Merkel » à la « Mère de la nation »[1]. La grande coalition a desserré l'étau de son propre parti en lui donnant un appui politique plus large. Elle l'a finalement renforcée. « De chemin de croix, [la coalition] était devenue pour Mme Merkel une voie royale parce qu'elle avait pu y réaliser son grand objectif, à savoir le rétablissement du consensus politique[2] », écrit l'ancien correspondant du *Figaro* Jean-Paul Picaper.

Trop pragmatique ?

La presse lui reproche de ne pas suffisamment imprimer sa marque, de suivre la ligne de plus grande pente. Elle mène une « politique de moindre résistance[3] », écrivait déjà *Die Zeit* après le congrès de Hanovre de décembre 2007. Le journaliste Kai Bermann s'étonne du caractère formel des débats qui doivent arrêter le programme de l'Union aux élections fédérales de 2009. Les délégués mettent quatre heures à adopter deux mille motions, là où on en avait prévu huit. Ce n'est plus un parti mais une chambre d'enregistrement. « Peut-être n'est-ce pas juste du pragmatisme, peut-être que le programme de la CDU et son contenu lui sont égaux, dès lors qu'elle reste au pouvoir. Faire tenir ensemble au Bundestag une Grande Coalition n'est pas facile, explique Volker Kauder [président du groupe CDU/CSU au Bundestag]. *Mais c'est bien que nous puissions gouverner à nouveau à Berlin* », rapporte le journaliste Kai Biermann. Le pouvoir, avant tout. Au congrès de Hanovre, elle prononcera « trente-six fois » le mot *Mitte* (« milieu ») pendant son discours[4].

Gouverner au centre pour garder le pouvoir ou garder le pouvoir pour gouverner au centre ? Elle assure suivre la seconde voie et ne se défend pas de brouiller les repères idéologiques de la politique fédérale. « Après cette [grande] coalition, les vieilles guerres de tranchées ne pourront plus être menées[5] », assume-t-elle.

Libérale et atlantiste

Au plan économique, elle a beaucoup dilué le vin libéral de la campagne de 2005, ce qui l'a mise à l'abri des annonces imprudentes. De leur côté, les sociaux-démocrates ont poursuivi le virage libéral entamé sous Schröder, si bien que la grande coalition mène une politique libérale et centriste, dans la continuité des réformes de Gerhard Schröder. L'âge de la retraite est repoussé à soixante-sept ans. Le gel des salaires, accepté par la DGB, la grande confédération syndicale, sous le précédent chancelier, creuse lentement mais sûrement l'écart de compétitivité entre l'Allemagne et ses voisins. Reconduite après les élections de 2009, cette politique scellée de concert entre patronat et syndicat, avec la bénédiction de la chancellerie, démultipliera les effets des plans de relance de 2008 et 2009.

Face à la crise, la devise du gouvernement est : « un peu de tout ». Angela Merkel compose un *policy mix* fait de baisses d'impôts, de dépenses d'infrastructure et d'aides sociales (avec une subvention massive du chômage partiel dans les entreprises) qui s'avérera redoutablement efficace. Entre 2005 et 2009, le nombre de sans-emploi passe de cinq à trois millions. Pendant l'été qui précède l'élection, les instituts économiques annoncent que le pouvoir d'achat moyen des Allemands a recommencé à augmenter.

Plus atlantiste que jamais

Sous Merkel, Berlin a retrouvé les réflexes atlantistes dont Gerhard Schröder s'était éloigné. La défense d'Israël est une absolue ligne rouge et explique sa critique véhémente de la position franco-allemande au moment de la deuxième guerre du Golfe, en 2002-2003. L'Irak étant une menace pour Israël, il serait irresponsable qu'un gouvernement allemand coure le risque d'avoir laissé monter le risque d'un péril pour l'État hébreu. En mars 2008, la chancelière commence son discours devant la Knesset, en hébreu. Un an plus tard, elle stupéfait l'Allemagne catholique en s'en prenant ouvertement à l'attitude du pape Benoît XVI dans l'affaire de l'évêque Richard Williamson, dont la presse suédoise a rapporté des propos révisionnistes que le Vatican semble couvrir.

En septembre 2007, l'accueil réservé au dalaï lama, le chef spirituel tibétain, ulcère Pékin. L'année suivante, elle annonce un boycott sans ambiguïté de la cérémonie d'ouverture des jeux Olympiques. Elle prend des risques politiques, sans pour autant se priver d'embarquer une escouade d'industriels à chacun de ses voyages officiels. Consciente de la force de son industrie, elle l'utilise pour faire passer ses messages, autant qu'elle la sert. Jamais elle ne sacrifie l'un à l'autre.

Avec Vladimir Poutine, président puis Premier ministre de la Fédération de Russie, elle noue une relation particulière, sans comparaison avec celle que peuvent entretenir ses confrères européens. Elle le bluffe par sa maîtrise de la langue russe et elle partage avec lui l'expérience de la vie en RDA : pendant qu'elle faisait tourner ses programmes au laboratoire d'Adlershof, lui travaillait en Allemagne de l'Est comme agent du KGB, le service de renseignement extérieur soviétique. Il sait qu'elle sait d'où il vient. Elle ne le craint pas. L'inverse, dit-on, n'est pas vrai. À un journaliste qui l'interroge sur le risque que les Russes coupent l'approvisionnement en gaz de l'Europe, elle répond par cette blague : qu'ils cessent de nous vendre leur gaz à prix d'or et on verra comment ils feront pour fournir la ménagère russe pour presque rien. En clair : Poutine finance son pouvoir en Russie avec l'argent des Européens. Chacun se tient. Il n'y a pas de raison d'avoir peur. Entre l'Est et l'Ouest, ce n'est plus l'équilibre de la terreur, mais un bras de fer continu autour du tracé des zones d'influence respective de l'Union européenne et de la Russie au centre du continent. Lors de son discours de célébration du 50e anniversaire du traité de Rome le 25 mars 2007, elle commence de façon surprenante par un hommage aux Biélorusses. « Nous pensons aussi à eux aujourd'hui et nous leur disons : les droits de l'homme sont indivisibles. Nous sommes à vos côtés. »

La chancelière a affûté son profil international grâce aux présidences simultanées de l'Union européenne et celle du G7 de 2007. À Bruxelles, non contente de ressusciter le traité constitutionnel, elle passe commande à la Commission européenne d'un ambitieux plan énergétique destiné à traduire les engagements climatiques pris à Kyoto. L'ancienne ministre de l'Environnement avait présidé la conférence de Bonn de 1995, qui préparait Kyoto. Elle remet l'ouvrage sur le métier au G7 de Heiligendamm où elle accueille une vieille connaissance, le président américain George W. Bush, qu'elle tente, en vain, de rallier aux négociations multilatérales sur le climat.

Le « milieu de la société »

En quatre ans, l'administration du pouvoir est devenue sa politique. Son sens réside moins dans ses fins que dans sa méthode. « Pour les questions internationales comme domestiques, elle cherche, avec une intelligence des choses remarquables, la *Mitte der Gesellschaft*, le centre de gravité de la société », explique Thomas Klau. L'ancien journaliste et directeur de l'European Council on Foreign Relations à Paris lui prête un « instinct » hors pair, « qui n'est rien d'autre que la capacité de faire une synthèse rapide et forte de milliers de points d'information différents, de se représenter le consensus de la société à un moment donné[6] ». Sa faculté à trouver ce « centre » et de « s'y placer très vite » l'amène parfois à « surprendre son parti et ses partenaires », ajoute-t-il.

Mais elle affaiblit aussi, selon lui, son leadership. « La société a beaucoup changé sous Kohl. Merkel s'est saisie de ce changement et l'a fait travailler pour elle », ajoute un observateur de la politique berlinoise.

Plus populaire que son parti

La grande coalition réussit à la présidente de la CDU, mais elle est fatale à ses alliés sociaux-démocrates. Depuis l'automne 2005, la CDU a gagné onze scrutins régionaux, le SPD cinq seulement. Les élections européennes du 7 juin 2009 ont débouché sur une vague bleue sans précédent, la CDU et la CSU enlevant quarante-trois sièges contre seulement vingt-trois pour le SPD, dont les rangs sont laminés par la montée de l'extrême gauche (Die Linke, sept sièges). Ce scrutin annonce la poussée des libéraux, l'autre parti d'opposition pendant le premier mandat de la chancelière, qui font plus que doubler leur nombre de députés européens (douze contre cinq durant la précédente mandature). Pendant l'été, Angela Merkel appelle de ses vœux la formation d'une coalition à droite. L'effondrement du SPD et le succès du FDP exaucent son vœu.

La CDU enregistre le 27 septembre un score médiocre : 33,8 % des suffrages, encore en recul par rapport à 2005 (33,8 %). Elle doit sa réélection aux électeurs du FDP, presque moitié plus nombreux qu'en 2005, qui, tout en votant pour le parti libéral, ont clairement choisi de la reconduire à la chancellerie. Une fois de plus, elle gagne en prenant appui aux marges de son propre parti. Cette fois-ci, il n'y eut pas de psychodrame comparable à 2005, juste une âpre négociation où Guido Westerwelle, le chef de file des « jaunes » (FDP), se révèle un redoutable négociateur. La réconciliation entre les thèses sociales de Horst Seehofer, de la CSU, et celles des libéraux n'est pas plus facile qu'avec le SPD. La négociation du contrat de coalition se poursuit jusque dans la nuit précédant l'élection d'Angela Merkel par le Bundestag le 28 octobre 2009. De nombreux points restent suspendus aux travaux des commissions spécialisées de députés membres de la coalition qui plancheront pendant plusieurs mois. Si bien qu'un point aussi central du programme du nouveau gouvernement que le prolongement de la durée de vie des centrales nucléaires (exclue par le SPD sous la précédente mandature) ne se concrétisera qu'en octobre 2010. L'éclatement de la crise de l'euro, six semaines après le début de ce deuxième mandat, a bouleversé l'agenda.

Partie 6

L'OPÉRATRICE
OU « MERKIAVEL » À BRUXELLES

1.

LA DÉFIANCE

La chancelière allemande est profondément choquée par ce qu'elle découvre au soir du 10 décembre 2009. Réunis à Bruxelles, les chefs d'État et de gouvernement européens accueillent le nouveau Premier ministre grec. Le socialiste George Papandreou explique : « Écoutez, voilà. Tous nos chiffres sont faux. Mon pays est gangrené par la concussion, la malhonnêteté. Il faudra des années. Je suis déterminé à m'y employer. J'aurais besoin évidemment de soutien et d'aide parce que c'est une entreprise gigantesque », rapporte un participant à la réunion.

L'assemblée est soufflée. Angela Merkel « tressaille ». Fredrik Reinfeldt, le Premier ministre suédois qui préside la réunion, compatit : « Je ne suis pas dans ce groupe[1], mais je suis épouvanté par ce que vous dites. Si je comprends bien, cela fait des années que l'on nous cache la vérité. »

Le déficit grec n'atteint pas 6 ou 7 % du PIB comme annoncé : il dépasse probablement 12 %. Autrement dit environ un quart des dépenses publiques grecques ne sont pas couvertes par des recettes. Un quart. La seule certitude est que le pays ne sera bientôt plus en situation de lever sur les marchés de capitaux l'argent dont il a besoin pour combler ce trou.

Angela Merkel se sent doublement trahie. Non seulement l'Europe, comme communauté de valeurs, est remise en cause par le mensonge des gouvernements helléniques successifs. Mais le système européen fait de la chancelière leur complice. Il la place devant des responsabilités qu'elle n'est pas en mesure d'assumer car les Européens n'ont à l'époque ni les instruments pour financer la Grèce à la place des marchés ni surtout les moyens de prendre les commandes du bateau grec à la dérive.

On lui demande de se porter garante de forbans devant le Bundestag et son propre peuple. C'est impossible.

Le cynisme d'Athènes

Le mensonge grec était un secret de polichinelle. Ce qui saisit les dirigeants européens pendant la soirée du 10 décembre, c'est plus encore la franchise de Papandreou que la gravité de la situation de son pays.

En réalité, la Grèce était « sous observation » depuis plusieurs mois. Les administrations du Trésor et la BCE étaient parfaitement conscientes que la crise bancaire de 2008 – comme toutes celles qui l'ont précédée dans l'histoire – risquait de s'étendre aux souverains (les États) et que les premiers touchés étaient les plus faibles.

À deux reprises Jean-Claude Juncker, Premier ministre luxembourgeois et président du groupe des ministres des Finances de la zone euro, est envoyé à Athènes dans le plus grand secret. Il doit sonder Karamanlis, sinon le tancer. « Si on l'a envoyé, c'est que tout le monde savait que cela pouvait péter », rapporte un haut fonctionnaire. Mais le Luxembourgeois rentre bredouille, sans aucun engagement du prédécesseur de Papandreou sur la manière dont il entend sauver le crédit de son pays auprès des investisseurs internationaux.

Avec le plus grand cynisme, Caramanlis court le risque d'une nouvelle cessation de paiement. La Grèce en est coutumière[2]. Mais, depuis 2001, elle fait partie de la zone euro. En cas de défaut, Caramanlis engage la responsabilité et la crédibilité de seize autres pays. Il s'obstine malgré cela à ne rien faire en attendant les élections de l'automne 2009.

Il devient patent à ce moment-là qu'il manque quelque chose à l'union monétaire. L'autodiscipline ne fonctionne pas. La discipline de groupe non plus. La pression amicale encore moins.

Malentendu franco-allemand ou rétropédalage
de Berlin ?

À partir de la fin de l'année 2008, un « petit groupe » de hauts fonctionnaires du Trésor français et allemand, de la Banque centrale européenne et de la Commission ont commencé à plancher sur la manière de faire face à une possible, sinon probable, contagion de la crise bancaire aux souverains. Un participant français à ces travaux assure que, « à ce moment-là, nous nous étions mis d'accord sur l'idée que nous pourrions leur accorder un prêt au cas où la trésorerie viendrait à manquer à Athènes ». Autrement dit un plan de sauvetage aurait déjà été esquissé au moment des élections grecques.

Berlin dément être allé aussi loin. Lorsque la crise éclate, la chancelière n'est absolument pas prête à « acheter » cette solution, si toutefois elle lui a jamais été présentée. Il n'y a eu pendant le début de l'année 2009 que des « discussions » sur le point de savoir si des prêts bilatéraux « faisaient sens » mais certainement « pas d'accord », selon une source proche de la chancelière. Et d'ajouter : « Le problème était simplement qu'il n'y avait pas de base budgétaire permettant de rentrer dans une relation de créancier à débiteur avec la Grèce. » Il n'y avait pas de base politique non plus. Pendant ces négociations menées au niveau infrapolitique, la coalition a changé à Berlin. Suite aux élections de septembre 2009, le social-démocrate Peer Steinbrück a cédé la place à

Wolfgang Schäuble. Le nouveau ministre des Finances CDU a une ligne plus dure.

Paris a-t-il été trompé ou s'est-il leurré lui-même ? La seule perspective d'un changement de majorité à Berlin aurait dû mettre la puce à l'oreille de l'Élysée, estime un familier du dossier. « Comment a-t-on pu penser à Paris, connaissant le système allemand, qu'avant les élections fédérales un tel plan ait pu être approuvé, alors même qu'il y avait la perspective d'un changement de majorité ? C'était rigoureusement impossible. Une telle chose aurait dû faire partie de l'accord de coalition. » Or ce n'était pas le cas.

La différence d'appréciation des risques de contagion de la crise de part et d'autre du Rhin se double ici d'un choc des pratiques institutionnelles. D'un côté, la crise est gérée directement par l'Élysée comme un dossier technique et financier, sans pratiquement aucune intervention du Parlement. De l'autre, elle devient un sujet de politique intérieure et l'objet d'infinies tractations entre le Bundestag et la chancellerie.

Politique de la lenteur

Après le choc de décembre 2009, la chancelière décide de « s'imposer dans le système ». « Elle a cherché à calmer le jeu, pas pour contrôler le système, mais pour s'assurer qu'il aille à sa vitesse et à sa mesure », raconte un observateur privilégié de ces années de tempête. Nicolas Sarkozy aurait voulu piloter la zone euro pied au plancher. Elle appuie sur l'embrayage et n'hésite pas à laisser rugir le moteur dans le vide. Quitte à relever le pied une fois la vitesse réduite, pour passer un nouveau virage. Au début de 2010 « a commencé à apparaître, en termes communautaires, une difficulté que les Français, les Italiens, les Anglais ne comprenaient pas, ce qu'ils ont appelé la *lenteur allemande* », nourrie d'une profonde défiance à l'égard de Bruxelles.

La crise financière de 2008 avait convaincu Angela Merkel de la propension d'un certain nombre d'acteurs financiers à céder à la tentation du déni de réalité. La crise souveraine lui apporte la preuve qu'en l'état, le système européen ne permet pas d'agir sur les causes de la crise. Le fait que l'on ait laissé se creuser les écarts de compétitivité colossaux entre pays de la zone euro, que l'on ait accepté des chiffres faux ou truqués sonne comme un échec. La Commission n'a pas joué son rôle. Elle n'a pas persévéré dans les procédures de contrôle prévues par le traité. Le groupe des ministres des Finances de la zone euro a fonctionné comme un aimable *Men's Club* où l'on ne se dit rien qui fâche.

« Qu'ils nous donnent Corfou »

Dans toute l'Allemagne, la chute de la Grèce a rallumé le débat sur l'union monétaire, avec la même intensité et pratiquement dans les mêmes termes qu'au début des années 1990. Le front des « anti-

euro » s'est reconstitué et s'est lancé dans une guérilla juridique contre toute forme d'intervention
devant le tribunal constitutionnel. Amatrices de
controverse juridique, la presse et l'opinion se sont
mises à retourner en tout sens la fameuse clause de
no bail-out qui interdit aux pays membres de la zone
euro de financer les déficits les uns des autres, directement ou par l'intermédiaire de l'Union européenne.

L'idée s'impose alors que toute aide à la Grèce est
contraire au traité et qu'elle viole ce garde-fou
ardemment demandé par le ministre fédéral des
Finances Theo Waigel à Maastricht, en 1990.
L'article 136[3] devient un saint graal et sa violation la
preuve du piège dans lequel serait en train de tomber l'Allemagne. Après avoir eu la promesse qu'elle
ne paierait pas pour les autres, elle se retrouvait finalement à mettre la main au porte-monnaie. Le quotidien *Bild Zeitung* se lance alors dans une odieuse
campagne de presse qui durera deux années sur le
thème : s'ils veulent le fric, qu'ils nous donnent
Corfou[4] !

Cette lecture était discutable d'au moins deux
façons. D'abord, ce sont des prêts à des taux plutôt
élevés que les Européens envisagent alors d'accorder, ce qui est différent d'un financement budgétaire
(par l'impôt) tel qu'interdit par le traité. Ensuite, les
raisons des tensions au sein de l'union monétaire
résident largement dans ses erreurs de conception.
Or ces erreurs sont autant imputables aux uns
qu'aux autres, autant aux Français, qui ont toujours

refusé un contrôle budgétaire strict par Bruxelles, qu'aux Allemands qui ont repoussé toute coordination entre politiques économiques, donnant la priorité à leur compétitivité relative. Mais ces arguments sont peu ou pas soulevés. Le débat allemand s'est engagé sur des bases biaisées.

La solitude de la chancelière

Angela Merkel est seule. Seule face à son allié de coalition, le FDP, qui commencer à surfer sur la vague de l'euroscepticisme. Seule face à une Commission européenne en laquelle elle n'a pas confiance. Seul face au *Men's Club* des dirigeants européens qui ont laissé pourrir la situation. Elle n'a pas confiance dans les solutions avancées par Paris. Elle est enfin désemparée face à une situation inédite.

L'Allemagne n'a pas connu de crise sur sa monnaie depuis la création de la République fédérale. Depuis 1947, elle vit sur son orthodoxie monétaire, coupée des grandes crises financières mondiales, contrairement à Paris ou Londres. Elle n'a connu qu'une crise majeure : la chute de la RDA et son « sauvetage » par la RFA au prix d'immenses transferts financiers… et de la disparition de l'état communiste. Or la Grèce est un pays souverain. On ne peut la « dissoudre ». Quant à l'Europe, si elle sombre, elle n'a personne avec qui se « réunifier ». Le modèle est-allemand n'est d'aucun secours.

Angela Merkel manque de références. Elle commence donc par creuser le diagnostic, à sa manière, en rassemblant des données. Elle commande une analyse précise de la manière dont a été mis en œuvre le pacte de stabilité et de croissance et découvre à quel point il a été foulé aux pieds. « Ce n'est pas possible. À plus de cinquante reprises, les échéances fixées dans le cadre du pacte de stabilité et de croissance [pour corriger les déficits] n'ont pas été respectées », s'indignera-t-elle devant le Bundestag[5].

Elle se dote également d'une sorte de vademecum de la compétitivité européenne : une série de tableaux comparatifs, pays par pays, de différents indices de compétitivité et d'endettement. Députés, chefs d'État, banquiers centraux : la chancelière glisse ces données sous les yeux de ses interlocuteurs à toutes les occasions. Il suffit de jeter un œil aux fameux *Lohnstückkosten*, les coûts unitaires de travail, pour voir qu'entre 2000 et 2011, ils ont augmenté trois fois plus vite en France, en Grèce ou en Espagne qu'en Allemagne. Devant ses visiteurs, elle pointe du doigt telle courbe, qui signale les erreurs passées ou indique une évolution encourageante. La chancelière s'informe enfin sur la situation grecque, sur les risques de contagion, qu'elle sait réels.

Mais un constat ne fait pas une politique. Elle hésite. Elle ne sait comment convaincre son opinion qu'il faut garder la Grèce pour garder l'euro. Elle ne veut pas laisser la machine européenne passer hors de son contrôle, car perdre le pouvoir à Bruxelles, c'est le faire perdre au Bundestag, autrement dit signer son arrêt de mort politique.

Elle est enfin suspicieuse face à la détermination du président français. La politique de l'Élysée, nourrie d'une longue expérience des crises financières, se résume à un mot : garantir. Pour tenir, il faut tuer le risque. Pour tuer le risque, il faut le transférer sur des créanciers solides. Plus on attend, plus le montant de la garantie demandée par le marché sera importante.

Un mensonge nécessaire

Le matin du premier sommet de la zone euro présidé par Herman Van Rompuy, le 11 février 2010, la déclaration est toujours sur le métier. Xavier Musca, le « Monsieur crise » de Nicolas Sarkozy, et Uwe Corsepius, le conseiller Europe de la chancelière, n'ont pas réussi à la finaliser. « Merkel et Sarkozy n'étaient pas d'accord sur le signal politique à donner », se rappelle un proche du président du Conseil. Prenant prétexte la tempête de neige qui blanchit ce matin-là les pentes du parc Leopold où le président du Conseil a organisé cette rencontre « informelle », Van Rompuy repousse de quelques heures le début de la rencontre et provoque un conciliabule impromptu entre Angela Merkel, Nicolas Sarkozy, George Papandreou et José Manuel Barroso, le président de la Commission européenne.

La réunion commence mal. Papandreou s'en prend violemment à Barroso auquel il reproche d'avoir manqué à son devoir de faire toute la lumière sur la façon dont le budget grec avait été falsifié. Cette altercation ne contribue pas à rétablir la confiance de la chancelière dans la Commission européenne.

Reste à trancher le différend franco-allemand. Formé dans les arcanes byzantines de la politique belge, Van Rompuy n'a aucune intention de faire prévaloir un parti contre un autre. Sa tactique est celle de l'ambiguïté constructive, un grand classique de la négociation communautaire. Ce qui ne peut être tranché, ou qui n'est pas audible, doit être tu. Fût-ce au prix de quelques arrangements avec la vérité. Cette pirouette prend ici la forme de quelques mots glissés en fin de déclaration : « La Grèce ne demande pas une assistance. » On se pince évidemment en lisant cette phrase puisque à l'époque tout ce que l'Europe compte de décideurs financiers ne parlaient que de cette « assistance » depuis des semaines.

L'essentiel n'est pas de dire ce qui est, mais de s'assurer que chacun rentre chez soi avec ce dont il a besoin. Cette petite phrase change la perspective : ce n'est plus Paris qui impose, ni Berlin qui refuse, mais Athènes qui s'abstient. Elle autorise plusieurs lectures : un message d'attente que la chancelière pourra rapporter à sa coalition, et une base politique sur laquelle les « technos » pourront s'appuyer pour préparer un plan. Elle met enfin la balle dans le camp de la Grèce qui va devoir *demander* une aide, donc accepter les conditions qui seront posées. Grâce à elle, la chancelière rentre avec un début de scénario où l'Allemagne ne soit pas entraînée malgré elle dans l'aventure. Elle peut relâcher légèrement l'embrayage et laisser redémarrer lentement la voiture européenne.

À partir de 2010, toute la gestion européenne de crise se met ainsi à tourner autour de Berlin. « Nous ne sommes pas le nombril du monde[6] », lancera la chancelière devant le Bundestag avec un sens certain de l'antiphrase. De fait, les députés allemands le sont devenus.

2.

LE BUNDESTAG, « NOMBRIL DU MONDE »

Après la réunion de Solvay, la chancelière doit préparer ce que précisément les dirigeants européens viennent de dire qu'ils ne préparaient pas : un sauvetage de la Grèce. Sa gestion de la crise ne peut se résumer à ralentir le convoi européen quand il menace de s'emballer sous les coups d'accélérateur français. En plus d'une mécanique de contrôle de la vitesse, elle consiste aussi dans un propos et une méthode pour créer un cordon sanitaire autour de Berlin et de la souveraineté budgétaire du Bundestag.

La chancelière opère ainsi « la liaison entre le souverainisme et le leadership européen », comme l'écrira Ulrich Beck. Le sociologue la voit comme un « nouveau Machiavel » refusant de choisir entre le souverainisme de son parlement et son opinion, d'une part, et l'intérêt européen, de l'autre[1]. C'est juste. Mais le « modèle Merkiavel » a ses raisons.

« Ultima ratio »

Pendant les premiers mois de 2010, la réconciliation entre la contrainte interne et celle de la crise prend un nom : le cas de force majeure ou *ultima ratio*. « Quand la Grèce ne peut plus se refinancer sur les marchés de capitaux, ce n'est plus le problème de la Grèce, seulement, mais le point de départ de conséquences imprévisibles pour l'ensemble de la zone euro… En agissant nous protégeons notre monnaie », explique la chancelière le 5 mai devant le Bundestag. Placée sous la surveillance de son Parlement, menacée par des plaintes devant le tribunal constitutionnel, elle entend rester inattaquable sur le plan du droit. Une aide financière se justifie quand la situation menace non pas un pays mais toute la zone. Elle ne vise pas à aider un pays en particulier mais à « garantir la stabilité de la zone euro dans son ensemble[2] », y compris celle de l'Allemagne, comme le précisera bientôt le traité européen.

Il a existé sur ce point une entente profonde entre elle et le président français, jusqu'à l'alternance de mai 2012 en France. Nicolas Sarkozy a eu beau jouer le rôle d'aiguillon, multipliant les propositions et les initiatives, il s'est plié au rythme et aux contraintes exaspérants de son homologue allemande. « La chancelière nous disait : "À supposer même que j'accepte votre raisonnement et que je fasse ces choses que je ne trouve pas totalement raisonnables, quelqu'un fera un recours devant la Cour constitutionnelle. Il gagnera et à ce moment-là, qu'est-ce qui se passe ?" Sa vraie force a souvent été sa faiblesse », rapporte l'ancien secrétaire général de l'Élysée Xavier Musca.

Réflexe atlantiste

Le 26 mars, lors d'un sommet de la zone euro à Bruxelles, la chancelière impose le Fonds monétaire international à la table des négociations. L'institution de Washington a l'expérience de la gestion des crises monétaires. Elle doit intervenir aux côtés de la Commission et de la Banque centrale européenne. La France tout comme le ministre des Finances Wolfgang Schäuble y sont opposés. Elle n'en a cure. À ses yeux, le système européen est cassé. À Berlin la défiance à l'égard de Bruxelles est immense. Schäuble se sent lui-même isolé dans sa défense de la Commission européenne et des institutions communautaires. « Je ne voudrais pas être le dernier Européen » à Berlin, lâchera-t-il quelques semaines plus tard à l'issue d'une réunion de crise.

Les choses s'accélèrent le 22 avril, quand Eurostat, l'agence statistique européenne, publie des chiffres calamiteux sur l'état des finances grecques. Les investisseurs quittent le navire. Le taux d'emprunt explose.

Le 23 avril, George Papandreou fait ce que tout le monde attendait depuis des semaines. Il demande des fonds à ses partenaires européens pour pouvoir rembourser ses créanciers et payer ses fonctionnaires. Les hommes en gris de la Commission, de la Banque centrale européenne et du FMI, la fameuse « troïka », débarquent à Athènes. Les ministres des Finances de la zone euro se retrouvent à Bruxelles le 2 mai pour donner leur feu vert à un premier paquet de prêts bilatéraux de 110 milliards d'euros (dont 22 milliards financés par Berlin et 20 par Paris) accompagnés d'un programme de redressement sur trois ans.

Premier discours au Bundestag

Le lendemain, le gouvernement fédéral adopte sa proposition de loi sur « la stabilité financière dans l'union monétaire », qui entérine le plan grec. Le mercredi, la chancelière se présente devant les députés qui doivent la voter le vendredi suivant, après une pleine semaine de réunions de commissions parlementaires.

En relisant *a posteriori* ce discours, il est frappant de voir à quel point il pave la voie aux décisions spectaculaires des jours et des mois à suivre.

Elle exhorte les députés à penser les événements non pas le doigt pointé sur le traité européen, mais dans la conscience de l'extrême tension historique du moment. Tout est possible, leur dit-elle, car nous entrons dans des terres inconnues. « Il en va ni plus ni moins de l'avenir de l'Europe et de l'avenir de l'Allemagne en Europe [...] cela nous donne à tous, qui représentons le peuple allemand au Bundestag, [...] une responsabilité exceptionnellement grande. Il est peu d'occasions dans lesquelles nous devons prendre une décision pour laquelle il n'existe pas de précédent historique, dont les conséquences sont immédiatement visibles et enfin qui produit un immense effet sur l'avenir de l'Europe et de notre pays », dit-elle.

Elle les alerte aussi sur les dysfonctionnements des marchés financiers qui, tout autant que les erreurs de conception et de fonctionnement de l'Europe, menacent la monnaie. « En agissant, nous protégeons notre monnaie » contre une réaction en chaîne et une nouvelle crise financière. Elle leur rappelle les garanties qu'elle a négociées : la doctrine de l'*ultima ratio* et le programme de réforme du pays, sous le contrôle du FMI.

Elle les met enfin en garde sur la situation de la zone euro dans son ensemble et les dérives des dernières années : « Je mentionne cela, car cela aide à ce que nous ne nous fassions plus d'illusion sur le sérieux de la situation, que nous nous représentions sa gravité. » Au nom de la « défense contre les dommages » que causerait l'écroulement d'autres États, elle en appelle à une réforme de l'arrangement budgétaire conclu entre membres de la zone euro.

La rechute

Le montage retenu pour l'aide à la Grèce (des prêts bilatéraux directs) suscite la consternation des investisseurs car il transfère directement et entièrement le risque grec sur les pays de la zone dont certains sont fragiles. Or le marché attendait un amortisseur de risque. À défaut de quoi, le problème, au lieu d'être circonscrit, se trouve au contraire étendu au reste de la zone. Par ailleurs, ils sont convaincus que le retour de la Grèce à la solvabilité est une chimère. Le premier plan grec est mauvais.

La tension monte comme jamais sur les marchés. Un mouvement de vente exceptionnel envoie les obligations grecques, portugaises, irlandaises au plancher. Les algorithmes des fonds s'affolent et finalement disjonctent. Le jeudi 6 mai, la bourse de New York doit fermer brièvement suite à un « flash crash ». On est à nouveau au bord du gouffre.

Ce que Paris redoutait est en train de se produire. La caution donnée à Athènes n'étant pas solidaire mais individuelle[3], la contagion n'est pas endiguée. Maintenant que la Grèce s'est retirée du marché, la spéculation sur des défauts souverains et l'éclatement de la zone euro bascule sur le reste de l'Europe du Sud et l'Irlande. Une chaîne n'est jamais plus solide que son maillon le plus faible.

Quand le plan grec est voté par le Bundestag le jeudi 7 mai 2010, grâce à la discipline (presque) sans faille de la coalition[4], il est trop tard. D'autres foyers sont désormais allumés. L'incendie est là pour durer.

Le soir même de ce premier test parlementaire, Angela Merkel est à nouveau à Bruxelles pour un nouveau dîner entre chefs d'État et de gouvernement de la zone euro.

La colère de Jean-Claude Trichet

L'unique ordre du jour : la contagion et comment l'arrêter. Nicolas Sarkozy propose de créer un fond de soutien général pour tous les membres de la zone euro et gagé sur le budget communautaire. La chancelière dit « non ». Sa position était que « si vraiment la situation est si grave, alors 60 milliards [proposés pour le fonds communautaire] ne suffisent pas. Si nous sortions le lundi avec cela, les marchés ne seraient pas impressionnés. Ils se seraient ri de nous. Nous avions besoin d'une solution complète », raconte un proche de la chancelière. Elle ne propose rien. Elle sous-estime le risque ou fait mine de le sous-estimer. En attendant, la maison brûle et les Européens n'ont apparemment pas l'ombre d'un plan.

« Vu de Francfort, nous assistions au début d'une crise systémique extrêmement grave. Mais cette analyse était très difficile à faire au vu des différences capitales nationales. L'Allemagne ne pouvait pas voir une crise grave puisque tout allait bien chez elle, par construction. C'était la même chose pour la plupart des autres pays. À l'époque seuls trois pays se trouvaient dans une situation où ils sentaient soit une tension dramatique, soit une montée très forte des tensions. À Washington, les observateurs faisaient, je pense, la même analyse que nous à Francfort. Je suis convaincu que des messages très importants sont venus des États-Unis sur le thème : "Ce que vous observez en ce moment, c'est le début d'une crise systémique, il ne faut pas sous-estimer sa gravité" », raconte Jean-Claude Trichet, alors président de la Banque centrale européenne.

« Nous sommes en crise depuis 2007. Nous avons eu l'année 2007, tout 2008, tout 2009. Cela fait deux ans et demi que la crise financière a éclaté et voilà que, par maladresse, les Européens deviennent l'épicentre de la crise mondiale, lance-t-il. C'est une responsabilité lourde que vous avez tous prise vous-mêmes, individuellement et collectivement. Vous êtes les gouvernements de la zone euro. Il fallait appliquer le pacte de stabilité et vous ne l'avez pas fait. Maintenant on se retrouve dans une situation totalement impossible et ce que vous me dites, c'est que vous ne voulez ou ne pouvez rien faire ! »

Cette colère stupéfait les participants. Il « a jeté de façon assez carrée, assez peu française, la faute sur le Conseil européen et sur les gouvernements », se souvient l'un d'eux.

Non-décision

Dans un premier temps, le seul mouvement des dirigeants est de se retourner… vers la banque centrale. En se plaçant à l'achat systématiquement, la BCE pourrait « casser » le marché, jusqu'à ce que les cours des obligations souveraines attaquées remontent. Mais Trichet estime que c'est contraire à son mandat, car cela serait assimilé à une monétisation des dettes publiques. Celui qui a porté l'euro sur les fonts baptismaux deux décennies plus tôt, est par ailleurs bien placé pour connaître ses défauts de conception. Il estime qu'il est grand temps de les réparer.

Le vendredi soir, les chefs d'État se séparent sur une non-décision. La réaction en chaîne a déjà commencé. La réouverture des marchés le lundi suivant est attendue avec appréhension. Le lendemain de cette étrange soirée où le monde entier a assisté sidéré à l'indécision des Européens, ces derniers se décident à convoquer une réunion de leurs ministres des Finances pendant le week-end.

Le week-end de tous les dangers

Le dimanche, Angela Merkel est à Moscou. Sur la place Rouge, elle regarde défiler des soldats de l'Otan aux côtés de l'armée russe. Près d'elle, le président chinois Wen Jiabao et leur hôte Vladimir

Poutine assistent à la parade. Nicolas Sarkozy s'est fait excuser pour cause de crise. De Russie, où l'accompagne son staff, la chancelière s'entretient par téléphone avec lui et avec le président américain Barack Obama.

Au cours d'une de ces conversations, l'idée d'un fonds européen s'impose. C'est la seule solution. La chancelière et le président se mettent d'accord sur le chiffre « magique » de 750 milliards d'euros (soit 1 000 milliards de dollars à l'époque) qui viendra finalement ponctuer le week-end. Il ne sera rendu public que dans la nuit du lundi. A-t-il été suggéré par Washington ? En tout cas ce pare-feu vise le même but général que le TARP[5], le vaste programme de reprise des actifs dépréciés des banques américaines afin d'éviter les faillites en chaîne : sortir le risque du marché pour éviter la contagion.

C'est une énorme avancée. Cependant l'agenda politique allemand va décider de la communication autour de ce pare-feu. Ce même dimanche le Land de Rhénanie du Nord-Westphalie renouvelle son parlement. La chancelière ne veut pas de l'annonce d'un nouveau plan européen en plein scrutin. *A fortiori* si le message est : après avoir prêté 20 milliards à la Grèce, l'Allemagne s'apprête à en mettre 210[6] de plus dans un fonds européen. Mais l'accord politique existe. « Paris et Berlin savaient très bien dans quelle pièce ils jouaient. Corsepius et Musca [les conseillers respectifs de Merkel et Sarkozy] étaient assez confiants dans le fait qu'ils allaient trouver un accord », rapporte un protagoniste.

« Il a fallu se donner rendez-vous le dimanche soir, ce qui tombait bien puisque cela permettrait d'enjamber les élections je ne sais plus où en Allemagne », raconte un participant. Le président français s'abstient de toute déclaration.

De Pékin à Brasilia en passant par Washington et Moscou, la planète entière, tenue en haleine par la crise européenne, apprend alors par dépêche de presse interposée l'existence d'une petite région de dix-huit millions d'habitants, à laquelle semble suspendu le sort de l'euro. « Le nombril du monde ».

« Un bébé à plusieurs papas et plusieurs mamans »

Ce dimanche 9 mai 2010, les négociations entre les ministres commencent tard, qui plus est en l'absence du ministre des Finances allemand. Wolfgang Schäuble a dû être hospitalisé à sa descente d'avion à Bruxelles. Il sera remplacé par un proche de la chancelière : le ministre Thomas de Maizière. En attendant le secrétaire d'État de Schäuble, Jörg Asmussen, est aux commandes de la délégation.

C'est au cours de la réunion que naît la « facilité européenne de stabilisation financière », un fonds de 440 milliards d'euros. Paris et Berlin partageaient « le constat que la conception du premier paquet grec ne pouvait plus fonctionner », raconte une source allemande. « Dans ce premier paquet, nous avions des crédits bilatéraux mis ensemble et dirigés ensuite vers la Grèce. Mais au point où nous en étions alors, certains pays n'étaient plus en mesure de lever sur le marché les crédits nécessaires pour participer. C'est pourquoi nous avons cherché une solution qui, dans le principe et la structure des garanties, était semblable aux crédits bilatéraux, mais où il n'était pas nécessaire de faire lever des moyens par les pays participants individuellement. »

Le fonds est un petit bijou d'ingénierie financière. C'est un *SPV*[7], autrement dit un véhicule de crédit *ad hoc*, conçu pour pouvoir bénéficier de la fameuse notation de crédit AAA en dépit du fait qu'alors seulement six des dix-sept pays participants en sont dotés[8]. Sa forme, son nom, son architecture ont été conçus cette nuit-là. Il « est né comme cela d'une dynamique de groupe dans la nuit du 9 au 10... Quand on est arrivés à Bruxelles le dimanche, il n'existait pas. C'est une sorte d'objet qui a plusieurs papas et plusieurs mamans », raconte un de ses concepteurs.

Tard dans la nuit, le « paquet » est complété par un apport du FMI à concurrence de la moitié des 500 milliards de fonds européens composés du nouveau fonds et de la facilité communautaire proposée par Sarkozy. Le directeur général du Fonds monétaire international, Dominique Strauss-Kahn, a donné son aval par téléphone dans la nuit, sans consulter ses actionnaires qui le lui reprocheront.

Peu avant l'ouverture des marchés asiatiques, le lundi dans la nuit, les tam-tams des communicants recommencent à battre. Les communiqués pleuvent. Union européenne, FMI, G20, G7 annoncent de concert la création du pare-feu de 1 000 milliards de dollars.

Quelque chose s'est débloqué chez la chancelière entre le vendredi et le dimanche. La colère de Trichet n'y est pas pour rien. La discussion du vendredi soir a contribué à décider l'Allemagne à donner ce chiffre de 500 milliards et à apporter son soutien.

Mais, en acceptant ce paquet, la chancelière s'est remise en difficulté au plan interne. De nouveau, le point d'équilibre de la réponse européenne à la crise va devoir se déplacer sous l'effet des contraintes nationales de la chancelière.

Accalmie financière, tension allemande

À partir du 10 mai, un calme relatif revient sur les marchés. Pas en Allemagne. La chancelière doit faire face à deux séries de critiques. D'abord contre la Banque centrale européenne qui, une fois les Européens d'accord sur la création du fonds, a lancé un programme de rachat d'obligations publiques pour réduire les taux des pays du Sud. Ensuite, contre le fonds de stabilité lui-même, jugé contraire au traité.

Sur le premier point, la BCE va développer sa propre argumentation basée sur les « canaux de transmission de la politique monétaire[9] ». Sur le second, le gouvernement a paré le coup de grâce à l'amendement de l'article 136, ratifié fin 2010, qui crée un espace clair d'intervention en cas de risque de déstabilisation de la zone euro.

Mais ce changement ténu n'apaise pas toute opposition. À partir du printemps 2010 et pendant les années qui suivront, les principales décisions du parlement allemand dans la crise de l'euro seront attaquées devant le tribunal constitutionnel de Karlsruhe, créant l'impression que le monde vit sous la menace d'une décision adverse de la haute cour très à cheval sur la souveraineté budgétaire du Parlement. L'argument n'est pas seulement juridique. Il est aussi économique et politique. L'opinion et avec elle une grande partie du Bundestag doute que l'Allemagne puisse limiter sa participation au financement du sud de l'Europe aux montants et aux conditions promises.

Le 19 mai, moins de deux semaines après l'adoption du paquet grec, la chancelière revient devant le Bundestag. Elle doit rassurer. Elle promet aux députés que, le 7 mai, elle a dit « non » à une « union de transfert »[10]. « Concrètement, la voie d'une union de transfert nous menaçait, dans laquelle une garantie directe et contraignante de tous pour des décisions autonomes des pays pris individuellement aurait été introduite. Cela méritait que l'on s'y oppose », leur dit-elle.

Elle surenchérit sur la dimension historique de la situation, invoque l'héritage de 1957, parle du plus important « test existentiel » qu'ait connu l'Europe depuis la création du traité de Rome.

Elle parle à nouveau à ses députés de « conditionnalité » des aides. Elle leur fait la promesse qu'ils voteront tout versement d'argent à un pays aidé, même une fois le programme adopté, et sous-entend ainsi qu'ils pourront le bloquer si les engagements de réforme pris par celui-ci ne sont pas respectés (ce qu'ils ne manqueront pas de faire dans le cas de la Grèce).

Elle leur assure qu'elle est en train avec eux de convertir l'Europe à la « culture de stabilité ». Elle leur dit enfin que le fonds européen protège en réalité la Banque centrale européenne, donc leur monnaie.

La « livre de chair » des banquiers

Le Bundestag l'applaudit mais il doute. Avec sa coalition, Angela Merkel est entraînée dans d'infinies discussions avant chaque nouveau rendez-vous européen. « Penser que la chancelière et son ministre des Finances s'occupent d'un sujet, qu'ils savent ce qu'ils veulent et que, pour finir, ils viennent expliquer au Parlement comment ça marche, relève d'un profond malentendu. C'est un mouvement itératif... L'idée qu'il y a un processus de formation de la volonté autonome du côté du gouvernement et que la chancelière viendrait ensuite, par un discours enflammé, convaincre le groupe [CDU-CSU] de ses décisions, trahit complètement la réalité. C'est beaucoup plus complexe », explique le président du Bundestag, le chrétien-démocrate Norbert Lammert.

Au fil des semaines, le débat se met à rouler sur l'opportunité – ou non – de permettre malgré tout une faillite partielle de la Grèce que le plan du mois de mai visait justement à éviter. L'idée est d'imposer aux créanciers du pays, autrement dit des banques et des investisseurs divers, de renoncer à une partie de leurs créances afin de limiter l'engagement des États européens.

La lente maturation de l'idée d'une faillite grecque est suivie à Bruxelles et dans les autres capitales avec une certaine incrédulité. « Savoir ce que les Allemands voulaient et ne voulaient pas, quel Allemand voulait quoi et à quel moment, c'était la question à cent euros. Il y a eu un jeu complexe dont on ne savait pas très bien s'il relevait d'une répartition des rôles ou si c'était autre chose », se souvient une source européenne de haut niveau.

3.

CHRONIQUE D'UNE FAILLITE ANNONCÉE

19 octobre 2010. À Deauville, Nicolas Sarkozy et Angela Merkel sont sur la côte normande, en compagnie du président russe Dimitri Medvedev, pour un sommet tripartite. Le couple franco-allemand se fait photographier épaule contre épaule, arpentant les planches de Deauville.

Paris et Berlin s'opposent depuis quelques semaines à propos des réformes à apporter à l'union monétaire. Comment contrôler les budgets nationaux ? Comment punir les impétrants ? Comment faire en sorte d'avoir de la discipline dans un système qui n'est pas fédéral sans toucher au traité européen ni aux constitutions nationales ? La quadrature du cercle. Dès le lancement des discussions en septembre, les éternels différends ont refait surface. Paris ne veut pas d'un contrôle trop intrusif sur ses comptes publics. Berlin refuse que l'on puisse lui opposer ses excédents extravagants et l'accuser de gonfler sa compétitivité au détriment des autres. La routine.

Pendant que les « chefs » sont en Normandie, Herman Van Rompuy réunit les ministres des Finances dans un hall aveugle du parc des expositions de Luxembourg. Le différend franco-allemand risque de miner la relative stabilité qui s'est installée après les décisions de mai 2010.

La réunion s'est ouverte sur une intervention de Jean-Claude Juncker. En bon petit soldat, le Premier ministre luxembourgeois et président de l'euro-groupe insiste sur le besoin de discipline budgétaire. « Il épouse quasiment la thèse allemande », rapporte un participant. Il fait pression sur les Français pour arracher leur accord à une forte automaticité des sanctions en cas de violations des règles budgétaires. On l'écoute poliment. Tout le monde s'attend à ce que le secrétaire d'État aux Finances allemand entonne le même refrain. Il n'en fait rien.

Le coup de Deauville

À la surprise générale, Jörg Asmussen fait comprendre aux ministres que l'Allemagne peut accepter les points auxquels tenaient les Français. « À ce moment-là, on a compris ce qui était en train de se passer », rapporte cette source.

« Ce qui était en train de se passer » tombe sur le fil des agences et dans les boîtes mails des abonnés des communiqués de l'Élysée et de la chancellerie, pendant la réunion. La déclaration franco-allemande de Deauville, un texte de deux pages qui n'est pas à proprement parler un chef-d'œuvre de clarté, noue les fils d'un *deal* aux termes duquel Berlin rétropédale sur le contrôle des comptes publics nationaux et la France consent à ce que toute intervention future du fonds de soutien européen aille de pair avec une « participation » adéquate des créanciers privés.

Cette déclaration, qui va bientôt enflammer les marchés, provoque une onde de choc à Luxembourg. À la sortie de la réunion, Jean-Claude Trichet, qui tente de reculer ce moment depuis des semaines, engueule littéralement Jörg Asmussen et son « complice », le directeur du Trésor français Ramon Fernandez, qui représente Christine Lagarde. Les deux quadras sont arrivés le matin à Luxembourg en sachant qu'ils allaient prendre à contrepied une quinzaine de ministres des Finances, un président de banque centrale, et le président du Conseil européen. Le Luxembourgeois Jean-Claude Juncker, lui, passe carrément pour l'idiot de service en découvrant que le rôle qu'il s'était autoattribué dans la distribution a été biffé par les scénaristes de Deauville. Il quitte le plateau de Kirchberg furieux. Herman Van Rompuy annule sa conférence de presse finale. Inutile de communiquer depuis Luxembourg puisque cela a été fait depuis Deauville.

Aléa moral contre risque de contagion

Si l'on admet qu'une crise n'est rien d'autre qu'une destruction brutale et substantielle de valeur, la question fondamentale qu'elle pose est : comment répartir les pertes ?

Une première manière d'y répondre consiste à dire qu'en matière économique, comme à la guerre, « il n'y a pas de victime innocente ». La punition, autrement dit, ici, la ruine, est un mal nécessaire car elle va contribuer à rendre le système plus efficace. C'est un raisonnement moral qui s'appuie sur l'idée que les marchés fonctionnent de manière efficiente et qu'une fois cette « incitation » enregistrée par ses acteurs, ils se montreront plus prudents.

La seconde réponse obéit à une tout autre logique. Elle s'enracine dans l'idée que toute crise s'autoentretient, autrement dit que ses dégâts s'aggravent par une sorte de fatalité, mille fois observée. La priorité n'est alors plus de corriger les erreurs du passé, mais de contenir les pertes supplémentaires à venir.

La première manière est celle des tenants de l'« aléa moral ». En protégeant les anciens créanciers (en en faisant des victimes innocentes), on encouragerait leur irresponsabilité. On créerait donc un risque ou aléa moral et, par conséquent, on jetterait les bases de la prochaine crise. Il faut donc qu'ils payent.

La seconde est défendue par ceux qui estiment prioritaire d'éviter la contagion. Mais elle débouche sur une question délicate : si la « victime innocente » ne paye pas ou pas tout, alors qui solde le compte ? Comment mutualiser les risques ?

La première est plus populaire en Allemagne. La seconde a été ardemment défendue par la France et la BCE.

La chancelière sous influence

La religion de la chancelière sur ce point a été pour le moins fluctuante. Dans son premier discours au Bundestag, le 5 mai 2010, la chancelière évoque la « responsabilité des banques et des créanciers » et annonce que son « ministre des Finances a entamé des discussions à ce sujet ». Mais, précise-t-elle, il s'agit de leur demander, en contrepartie de la garantie d'être remboursés à l'échéance, de s'abstenir de vendre leurs titres. Elle reste à ce stade du côté de ceux qui considèrent les risques de contagion suffisamment sérieux pour ne pas poser la question d'une faillite.

Soumise à des influences opposées, elle va finir par se rallier au camp des défenseurs de l'aléa moral sous l'influence de sa propre majorité sensible à l'idée qu'« on ne pouvait pas simplement refiler la facture au contribuable allemand », raconte une source proche des discussions qui se sont déroulées pendant l'été et à l'automne 2010.

À Berlin, l'ancien président de la Banque centrale allemande, Othmar Issing, plaide au contraire pour une restructuration de la dette grecque et juge qu'il est indispensable, pour réduire l'aléa moral, de ne pas exclure le défaut d'un pays de la zone euro. Un autre représentant éminent du monde politico-financier s'active discrètement : le Français Jacques de Larosière.

Alors conseiller de la direction de la banque BNP Paribas, l'ancien directeur général du Fonds monétaire international juge que la Grèce ne pourra pas faire face à ses obligations, même après avoir reçu les milliards européens. Selon différentes sources, il va exposer ses vues à Berlin où elles sont examinées avec attention. Sa thèse selon laquelle la Grèce « se condamne elle-même et [qu'] il est nécessaire de réduire sa dette a été reprise par le Trésor allemand qui n'était pas acharné au départ sur l'aspect aléa moral », contrairement au gros des troupes de la coalition au Bundestag, selon une source bien informée. À tel point que l'on parle à Bruxelles d'une « thèse Larosière-allemande ». Elle n'est pas isolée dans le monde bancaire. Le président de Deutsche Bank entreprendra lui aussi une campagne dans ce sens.

Jean-Claude Trichet, de son côté, fait campagne pour la thèse opposée. Le président de la BCE a plusieurs longs entretiens avec la chancelière au cours desquels il cherche au contraire à la convaincre des effets très déstabilisateurs d'une restructuration de la dette grecque. Il lui explique en substance que cette idée selon laquelle, à partir du moment où l'on mobilisait des prêts publics et le FMI, il fallait demander une chair de livre au secteur privé... était absurde. À ses yeux, cela témoignait d'une méconnaissance incommensurable de la manière dont le marché se comporte. Le marché moderne est fait de gens qui sont longs et de gens qui sont courts. Les gens qui sont longs sont les gens qui ont fait confiance ou qui font confiance et les gens qui sont courts sont les spéculateurs purs. La « livre de chair » récompense en réalité les spéculateurs purs. Ils passent des heures à expliquer cela. À Sarkozy. À Merkel. En vain.

Le « deal » franco-allemand

L'accord de Deauville est un chef-d'œuvre de ce « merkiavélisme » théorisé par Beck. La chancelière échange un peu de souplesse sur le contrôle des budgets nationaux par Bruxelles, contre l'aval de Sarkozy à l'idée d'une décote des titres d'État.

Pour Paris, cette histoire de contrôle budgétaire a une importance essentiellement symbolique. Ses conséquences pratiques sont limitées. La décote, en revanche, bouleverse littéralement l'organisation des marchés obligataires, comme la suite le montrera. Mais elle vaut beaucoup car elle répond à une demande politique de la coalition à Berlin. La chancelière achète de l'or avec du plomb.

Le président français n'est pas dupe. Mais « il était convaincu qu'elle avait besoin de cela pour tenir au Bundestag », assure un proche. « Si je dis non à la chancelière, c'est un drame dans la zone euro. Opposition frontale entre la France et l'Allemagne », aurait-il déclaré à l'époque à l'un de ceux qui le mettaient en garde contre les effets dévastateurs de cet accord.

Conscient des risques, Nicolas Sarkozy avait tenté de rassurer ses collaborateurs dans les jours précédant l'annonce du compromis, sur le mode : ne vous en faites pas, on va accepter le principe mais on va le négocier de telle manière que sa portée soit limitée et ses effets moins dramatiques que l'on peut s'y attendre[1]. C'est peine perdue.

L'important n'est pas la lettre de la déclaration mais le signal qu'elle envoie. Et le signal est que le fondement du marché, le taux sans risque (celui de l'obligation d'État), n'existe plus. C'est un choc énorme. Les sauvegardes sarkoziennes sont balayées par un réflexe d'anticipation récursive propre aux marchés qui commencent à ajuster radicalement leurs hypothèses de risque dès le lendemain du 19 octobre.

À partir d'octobre, se produit ainsi un lent et imperceptible phénomène de dislocation de la zone euro. L'épargne européenne se renationalise et les investisseurs extraeuropéens, pour contrôler leurs risques, se précipitent sur les seuls pays dont ils sont sûrs qu'ils participeraient à l'union monétaire : Allemagne, Pays-Bas, Autriche. L'union monétaire se fragmente, elle devient théorique. L'Irlande et le Portugal plongent.

« Nous sommes en train de faire une connerie »

Au printemps 2011, le FMI fait ce que la chancelière attendait de lui : il met les pieds dans le plat, expliquant par A + B qu'Athènes ne peut pas faire face à ses engagements. Son refus d'apporter sa dîme précipite les opérations de restructuration.

Un sommet de la zone euro est convoqué à Bruxelles le jeudi 21 juillet. La veille, en début d'après-midi, Nicolas Sarkozy s'envole pour Berlin où il doit voir la chancelière. Dans les heures qui ont précédé, les principaux conseillers du gouvernement fédéral étaient à Paris pour préparer le terrain. Jörg Asmussen, que son ministre a arraché le mardi à des vacances en famille en Normandie, est parti rejoindre les directeurs du Trésor à Bruxelles après un détour par Paris. Le conseiller Europe de la chancelière Nikolaus Meyer-Landrut accompagne le président français. Malgré ces efforts diplomatiques, les deux capitales restent très éloignées. Paris est convaincu qu'il faut trouver une contre-proposition à une réduction pure et simple de la valeur des titres logés dans les portefeuilles des banques.

À la chancelière, Sarkozy tient en substance ce langage : « Nous sommes en train de faire une connerie. En coupant dans la dette grecque, tu vas provoquer la contagion sur l'Espagne et sur l'Italie. Donc il ne faut pas le faire. J'ai une autre solution à te proposer. » Son « autre solution » : prêter de l'argent au gouvernement grec pour qu'il rachète lui-même ses propres titres sur le marché où ils s'échangent à peu près à 60 % de la valeur faciale. Par cette opération, la dette est « réduite » de 40 % et le tour est joué. Cette opération de *buy back* présente l'immense avantage d'être beaucoup moins agressive pour le marché qu'une décote pure. Mais elle suppose de repasser par la case « fonds européen ».

C'est « non ». Une fois de plus. Le Bundestag attend sa « livre de chair ».

La discussion dure tout l'après-midi du mercredi. En début de soirée, Jean-Claude Trichet est cordialement « invité » à rejoindre Merkel et Sarkozy à Berlin où il vérifie que le tir se prépare. À 23 heures, Berlin communique par téléphone le fruit de ces discussions au président Van Rompuy pour qu'il finalise un projet de conclusions.

La réunion qui enterrine le plan se termine le vendredi 22 juillet à l'aube. Elle inaugure un été calamiteux sur les marchés.

« Pas à pas, à chaque étape, vous faites tout pour dissuader les détenteurs privés de dette publique de détenir de la dette européenne. Donc, à la fin, vous aurez le choix entre trois solutions que vous détestez également : la première c'est l'éclatement de la zone euro, la deuxième, c'est le lancement d'euro-obligations[2], et la troisième, c'est l'intervention massive de la BCE », dit Xavier Musca à ses homologues allemands pendant ces mois de tractation. La troisième solution finira effectivement par s'imposer.

Le rôle ambigu de Deutsche Bank

Les raisons pour lesquelles la chancelière a repoussé la proposition française, notoirement moins risquée mais efficace, restent en partie obscures. « Elle ne pouvait pas accepter [l'opération de *buy back*] parce que ses extrémistes trouvaient que c'était encore du financement monétaire », pense un des protagonistes.

Côté français, ce « non » a laissé un goût amer lié au rôle joué dans cette affaire par la Deutsche Bank qui conseille le gouvernement fédéral dans la préparation de cette colossale opération de restructuration. Il semble que le président de la banque allemande, Jozef Ackermann, soit intervenu très tôt auprès de la chancelière, pour la convaincre que le risque de contagion à l'Italie et à l'Espagne était réduit. Cette prévision s'avérera erronée puisque le cours des obligations italiennes puis ibériques va plonger dans les semaines et les mois qui suivent. Toujours est-il qu'une fois l'opération terminée, la Deutsche Bank fait savoir qu'elle s'est débarrassée des titres de créances sur ces deux pays, qu'en d'autres termes elle est indifférente aux risques italien et espagnol alors même qu'elle a assuré qu'ils étaient minimes. Ses trois concurrentes françaises BNP Paribas, Société Générale et Crédit Agricole, en revanche restent très exposées. Elles vont subir pendant le mois d'août 2011 une attaque sans précédent des marchés qui leur coûtera jusqu'à 50 % de leur capitalisation boursière. « Choquant », « scandaleux », déclare une source française. Le jeu de la Deutsche Bank dans cette opération n'a jamais été totalement éclairci.

L'*instrumentalisation de l'*Angst *allemande*

« Les Allemands sont convaincus que le futur ne relève pas nécessairement d'une fatalité mais qu'il est plutôt un espace de temps qui peut être modelé librement, par opposition au présent, par définition fugace et insaisissable... Face à l'inattendu, ils seront déchirés entre une attitude consistant à adapter rapidement leur comportement à la nouvelle situation ou bien à continuer d'appliquer les règles, convaincus qu'ils sont (de façon justifiée jusqu'à un certain point) que la constance est au fondement de leur succès économique, politique et culturel », écrivait en 2012 le journaliste Beda Romano, s'interrogeant sur « les racines de la peur allemande[3] ».

Angela Merkel s'est faite, tout au long de la crise européenne, le messager de cette « peur ». Elle s'en est servie comme d'un levier pour faire prévaloir ses positions ou pour poser ses conditions aux propositions faites par d'autres.

Même si elle n'en est pas convaincue au départ, elle se rallie à la lecture dominante du compromis historique de Maastricht, à savoir que dans une union monétaire sans transferts financiers entre entités fédérées un pays doit pouvoir faire faillite.

Pour Paris, cette position est plus qu'un contre-sens, c'est une perversion de l'idée même d'union monétaire. « Au fond, la question essentielle, est : l'euro est-elle une monnaie ou un mécanisme de change ? Vous ne sortez pas d'une monnaie, vous ne sortez pas du dollar. Il peut y avoir une faillite aux États-Unis, mais vous ne sortez pas du dollar », explique une source française.

Quelle était l'intime conviction d'Angela Merkel dans ces moments ? A-t-elle placé l'aléa moral aussi haut que ceux qui, dans son camp politique, réclamaient la faillite de la Grèce ? Sous-estimait-elle réellement les risques de la déclaration de Deauville ou bien a-t-elle fait le froid calcul que c'était le prix à payer pour tenir sa coalition, quelles que soient les conséquences pour les autres pays européens ? N'y voyait-elle pas clair dans le jeu de Deutsche Bank alors que les expositions respectives des grandes banques européennes aux souverains de la zone euro étaient détaillées à longueur des notes des analyses financiers depuis des mois ?

On a du mal à croire qu'elle ne disposait pas de toutes les informations utiles pour se faire une idée précise des risques. On a aussi du mal à croire que sa rationalité de physicienne ne lui ait pas permis de prendre de la distance par rapport au juridisme teinté de moralisme et de souverainisme de sa classe politique. Mais elle a semble-t-il fait le pari que l'Europe survivrait à l'*Angst* allemande et que l'essentiel était donc que les choses se déroulassent de telle façon que son Parlement n'y perdît pas la face.

Lors du vote de la réforme du fonds européen décidée dans la foulée de la restructuration de la dette grecque le 29 septembre 2011, elle a besoin des voix de sa coalition pour être confortée. Elle les obtient : il ne lui en manquera que treize sur trois cent trente.

4.

LA « CRÉDITOCRATIE »

Le 2 novembre 2011, Angela Merkel, de concert avec le président français, s'en prend à George Papandreou qui vient d'annoncer, à la surprise générale, son intention d'organiser un référendum sur le programme de réformes renégocié un mois plus tôt avec les autres Européens et le FMI. Réunis à Cannes pour le G20, ils le convoquent *sine die* sur la Croisette, avec son ministre des Finances pour lui faire comprendre que le plan n'est pas négociable, sauf à se montrer prêts à quitter le club Euro. Le référendum n'aura pas lieu.

Dîner « stupéfiant » chez l'ambassadeur Tempel

Quelques jours plus tard, à Bruxelles, l'ambassadeur de l'Allemagne auprès de l'Union reçoit. Le maître de cérémonie est Nikolaus Meyer-Landrut, le conseiller Europe de la chancelière. Autour de la table de l'ambassadeur Tempel, Catherine Day, l'inflexible secrétaire générale de la Commission, Franz Van Daele, le chef de cabinet de Herman Van Rompuy et quelques ambassadeurs.

Le message est simple : la chancelière juge qu'il est plus que temps de changer de méthode. Assez des solutions partielles, des réformes à la marge du Pacte de stabilité ! Assez des instruments *ad hoc* ! Il faut une solution « structurelle ». Cette solution passe par ce nouveau traité européen[1]. Il le faut maintenant. Meyer-Landrut est venu en présenter les grandes lignes. Les clous du projet : une règle d'or pour contenir l'endettement et le contrôle de la conformité des budgets nationaux aux règles européennes par... la Cour de justice européenne de Luxembourg. « L'atmosphère était très tendue. Les gens étaient littéralement effrayés. Ils ne pouvaient pas croire ce qu'ils entendaient », rapporte un participant.

À l'époque une série de chocs politiques secoue le sud de l'Europe et fait chuter les gouvernements les uns après les autres. Cela a commencé en mars, avec José Socrates, le socialiste portugais qui s'est vu retirer la confiance du Parlement à la faveur d'un quatrième plan de rigueur justifié par l'aide qu'il venait de solliciter. Il est remplacé trois mois plus tard par le leader du centre-droit Pedro Passos Coelho. En août, le feu prend à la maison Italie. La Banque centrale européenne a recommencé à acheter le papier de la Botte. Mais son président Jean-Claude Trichet accompagne ce geste d'une lettre en forme de programme de réformes... que Silvio Berlusconi, président du Conseil, s'empresse d'ignorer dès que la pression des marchés diminue. Il est poussé à la démission le 12 novembre et remplacé par l'ancien commissaire européen Mario Monti. Enfin le gouvernement socialiste espagnol de José Luis Zapatero, fragilisé par l'effondrement de son secteur bancaire, est lui aussi sur le point d'être balayé aux élections du 20 novembre.

Les exécutifs européens sont fragilisés. Certains voient dans cette hécatombe le début d'un changement de régime en Europe. Six mois après son arrivée au pouvoir, Mario Monti s'en prendra à la « créditocratie » qui a placé l'ensemble de l'Europe sous le joug des États du Nord. Où est la démocratie quand un chef de gouvernement se voit interdire d'organiser un référendum ? Où est-elle quand un président du Conseil ne peut se soustraire aux exigences d'un président de Banque centrale ? Qui, du Bundestag ou du Parlement à Lisbonne, est le plus en droit de fixer l'âge de départ à la retraite des Portugais ?

Le Sud est sens dessus dessous et voilà qu'Angela Merkel envoie ses *missi dominici* à Bruxelles annoncer que le contrôle très strict des budgets nationaux ne sera désormais plus réservé aux pays en détresse mais qu'il deviendra la chose de *juges* européens ! En inscrivant la règle d'or dans un traité européen, elle veut offrir à son parlement l'« exportation » de la culture de stabilité allemande au reste de l'Europe. Mais elle effraye le Sud et pose problème au Royaume-Uni.

Diplomatie germano-anglaise

Le 18 novembre 2011, elle reçoit à Berlin David Cameron. Elle explique au Premier ministre comment et pourquoi elle veut un nouveau traité et que le Royaume-Uni y adhère. Le Britannique a dès lors deux options : se retirer d'emblée du jeu ou tenter de tirer quelque chose de cette offre en négociant des contreparties. Il opte pour la seconde pensant pouvoir se débarrasser, à la faveur de cette négociation, de son principal problème avec Bruxelles : Michel Barnier.

En charge des services financiers à la Commission européenne, le Français s'est lancé avec beaucoup de zèle dans une entreprise sans précédent de règlementation des activités bancaires et de marché. Il est devenu la bête noire de la City et irrite les autorités financières britanniques dont les marges de manœuvre ont été réduites. Il donne l'impression que la City est littéralement passée sous le contrôle de Bruxelles. Cameron fait mine de vouloir obtenir, contre son ralliement à la règle d'or, un statut de quasi-place off-shore au sein de l'Union européenne. Pendant les deux semaines qui le séparent du prochain sommet, il se livre à un incroyable chantage.

Paris n'est mis au courant des demandes anglaises qu'au tout dernier moment. Quand il les découvre, le secrétaire général de l'Élysée Xavier Musca éclate littéralement. « Je ne comprends pas très bien ?

Vous nous demandez à nous Français que, pour avoir le traité, nous acceptons de dire que tout ce que nous avons dit depuis le sommet de Londres, la réglementation des activités financières et tout ça, nous l'oublions. Je ne vois pas comment Nicolas Sarkozy peut dire oui à cela », rapporte un participant à une réunion qui réunit Jon Cunliffe, le conseiller Europe de Cameron, Nikolaus Meyer-Landrut et le Français.

La veille du sommet de Bruxelles, les chefs d'État et de gouvernement de centre-droit se retrouvent à Marseille pour un sommet du Parti populaire européen. Angela Merkel, Nicolas Sarkozy, François Fillon, Donald Tusk, Fredrik Reinfeldt, Jean-Claude Juncker : ils sont tous là ou presque. Pas Cameron. Depuis qu'en 2009, les conservateurs se sont auto-exclus du PPE, leur Premier ministre ne participe plus au sommet du parti. De Marseille, le conseiller Europe de la chancelière appelle Bruxelles et demande à l'équipe Van Rompuy de faire une dernière tentative pour négocier avec les Britanniques. Nouvel échec. La position britannique reste donc la grande inconnue à l'ouverture du sommet, jeudi 8 décembre.

« Assez parlé, David »

Le soir du sommet, les discussions s'éternisent au sujet de la structure du traité, du contrôle de la règle d'or, de celui des budgets nationaux, etc. Plus de dix heures après qu'elles ont commencé, Cameron n'a toujours pas abattu ses cartes. Que veut-il exactement ? Sentant l'exaspération monter, le Britannique propose de suspendre la séance pour reprendre la négociation du traité budgétaire en « petits groupes ». C'est alors que la chancelière dit stop.

« David, je pense que nous avons assez parlé », lui dit-elle. Il est 3 heures du matin. Cameron quitte le Juste Lipse. Elle l'a littéralement chassé. Le traité sera négocié à vingt-cinq, la République tchèque se retirant à son tour. « Je pense que David Cameron ne s'est jamais vraiment assis avec nous autour de la table[2] », regrettera le lendemain la chancelière.

Mais elle ne cache toutefois pas sa joie d'avoir réussi à faire monter (presque) tout le monde à bord de sa *Stabilitätsunion*, cette union de stabilité qu'elle évoquait dès 2010 devant son parlement, sans sacrifier l'unité européenne[3]. Pendant la nuit du sommet, elle mitraille de SMS ses relais à Bruxelles chaque fois qu'un nouveau pays se rallie au traité : « 22 », « 23 » etc. C'est une victoire. Qu'elle ait dû abandonner en route le contrôle direct de la Cour européenne sur les budgets nationaux, pour lui substituer le double principe d'un contrôle de la Cour sur la transposition des règles d'or et d'un contrôle des hautes juridictions nationales sur les budgets nationaux, n'y change rien.

De l'idée de Sarkozy d'un Sénat de la zone euro, en revanche, il ne reste pratiquement rien. Elle était encore à l'ordre du jour lors du sommet PPE de Marseille, au grand soulagement du Premier ministre polonais Donald Tusk, toujours inquiet de voir son pays, non-membre de la zone euro, mis à l'écart. Elle a été balayée.

Londres versus *Paris*

Le retrait de Cameron sera interprété à tort comme une grave fâcherie entre Londres et Berlin et comme le début d'une dérive anglaise hors de l'Union. En réalité, même si elle le provoque, le départ du Premier ministre conservateur désole Merkel. Et rien n'irrite autant la chancelière que l'évocation d'une sortie possible du Royaume-Uni de l'Union.

Fin 2012, invitée du Parlement européen, elle est interpellée par un membre du British National Party en ces termes : « Madame la Chancelière, Monsieur Cameron aimerait quitter l'Union européenne mais il n'ose pas. Ne pourriez-vous pas l'y aider en le poussant dehors ? » Des rires fusent dans les rangs des députés, habitués aux saillies eurosceptiques du BNP. La mine de la chancelière s'allonge. Elle répond gravement, comme on s'adresse à un enfant impertinent : « Je vous rappelle, Monsieur, que des soldats britanniques étaient encore il y a peu sur le sol allemand. La place du Royaume-Uni est dans l'Union européenne. »

La remarque peut porter à confusion de ce côté-ci du Rhin. Elle n'entendait pas par-là rappeler que le Royaume-Uni avait été une puissance occupante en Allemagne, mais qu'il avait contribué à libérer son pays du nazisme et que dans cette histoire s'enracinait un lien historique irrévocable. « Le Royaume-Uni est LA nation européenne victorieuse de la dernière guerre. Il symbolise la libération, le lien avec les États-Unis et le monde anglo-saxon », rappelle un familier de ces réunions au sommet.

Pour Berlin, Londres est aussi l'allié indispensable pour contrebalancer l'influence française. Angela Merkel « a besoin des Anglais pour faire en sorte que les Français ne fassent pas toute la journée du Montebourg et du protectionnisme », résume cette source.

La règle est que Berlin ne choisit pas entre Londres et Paris. Il lui faut les deux. Quand la chancelière hausse le ton à l'égard des Britanniques, ce n'est jamais pour leur faire sentir qu'ils sont *hors* jeu, mais pour leur rappeler qu'ils doivent rester *dans* le jeu.

Équilibre instable

Le traité budgétaire, lancé en novembre 2011 et signé en mars 2012, est un succès. Mais ce point marqué à domicile par la chancelière ne change pas la donne à l'extérieur. La situation financière du Sud de l'Europe se détériore. La réconciliation entre le jeu politique allemand et les nécessités de la gestion de crise est de nouveau remise en cause – cette fois-ci de l'extérieur – par les difficultés de l'Espagne, victime de l'éclatement de sa bulle immobilière.

Le 22 juin, Mario Monti accueille à Rome Angela Merkel et l'Espagnol Mariano Rajoy. À leurs côtés, un nouveau venu : François Hollande qui vient de remplacer Nicolas Sarkozy. Le quatuor doit préparer le Conseil européen des 28 et 29 juin. La question se repose de savoir comment distribuer ces centaines de milliards de risques non ou mal garantis qui plombent cette fois-ci l'Espagne. Le bruit court que les quatre doivent reparler des « euro-obligations[4] », ce serpent de mer que de nombreux économistes et analystes désignent depuis longtemps comme la seule issue possible à la crise européenne. Mais la chancelière n'en veut pas. Elle a dit : moi vivante, les Allemands ne garantiront pas la dette des autres pays de la zone euro. Le « règlement intérieur » de l'Union préalable à cette caution n'est pas prêt.

L'Italien se fait alors l'avocat d'une autre voie : la recapitalisation des banques espagnoles par le mécanisme européen de stabilité, ce qui soulagerait le souverain espagnol. C'est une autre forme de mutualisation des dettes bancaires qui ne dit pas son nom. L'Allemande pose ses conditions : toute garantie européenne sur les bilans des banques doit aller de pair avec une surveillance européenne des banques. Les responsabilités budgétaire et politique doivent nécessairement s'exercer au même niveau. L'idée d'une « union bancaire », autrement dit le transfert, au niveau européen, du pouvoir de surveillance sur les banques, avait été mise sur la table quelques semaines plus tôt par le président de la BCE, Mario Draghi. Elle est aspirée dans la négociation à la faveur de ce nouveau *deal* en train de se nouer.

Le hasard du calendrier footballistique fait croire à une victoire du Sud. En réalité, Merkel est sur le point de résoudre le dilemme qu'elle affronte depuis le début de la crise et de dégager la voie jusqu'aux prochaines élections fédérales.

Italie-Allemagne : 2 – 1

Alors que les chefs d'État sont enfermés dans le Juste Lipse depuis une petite dizaine d'heures, l'Italie mène contre l'Allemagne en demi-finale de l'Euro 2012. Au rez-de-chaussée du Conseil, les journalistes ont les yeux rivés sur les rangés d'écrans du bar de la presse. Les buts de l'attaquant italien Mario Balotelli sont accueillis par des cris de joie. Au fur et à mesure que la tension augmente, les correspondants allemands montent se regrouper dans la salle de briefing de leur pays, où ils voient Mesut Özil sauver l'honneur à la 90e minute. L'Allemagne est éliminée.

Le parallélisme entre le match qui se joue en Pologne et celui qui a lieu ce soir-là dans les étages du Juste Lipse crée une atmosphère irréelle. Pendant la demi-finale, la rumeur d'un bras de fer entre Mario Monti et Angela Merkel gonfle, le président du Conseil italien ayant mis tout son poids dans la négociation pour obtenir cette recapitalisation directe des banques espagnoles. Il veut aller vite. Elle temporise.

À sa sortie du sommet vers 5 heures du matin, Monti ne résiste pas à la tentation à laquelle le soumettent les questions des journalistes : il brode la métaphore footballistique et suscite l'ire de la presse allemande en présentant l'accord sur l'union bancaire comme une victoire italienne et espagnole. Les plus germanosceptiques des commentateurs bruxellois s'en donnent à cœur joie sur le thème : « la nuit où le Sud a fait flancher Merkel[5] ». Au matin, un montage photo du président du Conseil le crâne rasé hérissé de la crête crépue de Balotelli fait le buzz sur internet. La réalité est un peu moins footballistique.

La chancelière a, comme à son habitude, laissé mûrir le problème espagnol pour finalement poser ses conditions au sauvetage de la quatrième économie de la zone euro. L'idée d'une recapitalisation directe est certes imputable à ses homologues du Sud, mais l'union bancaire dormait dans les tiroirs de son ministre des Finances Wolfgang Schäuble depuis longtemps. C'est un projet presque aussi ancien que l'Union monétaire. Au point d'avoir longtemps agacé Bercy. « Cela fait des années que la BCE veut mettre la main sur les banques, elle ne les aura pas », déclarait, moins d'un an avant l'accord de juin 2012, un de ses fonctionnaires. La crise est venue à bout de ce tabou-là aussi.

Le projet fait rager les banques allemandes qui répugnent à se placer sous le contrôle d'une autorité européenne. Immédiatement après le *deal*, Berlin resserre les conditions d'une intervention en Espagne. Prévue pour le 1ᵉʳ janvier 2013, l'union bancaire ne devrait voir le jour qu'en 2014.

Merci, Draghi !

Le principal résultat de cette réunion de juin n'est ni la perspective d'un assainissement de la situation espagnole ni l'union bancaire, mais la conséquence des deux. Dès le printemps, le président de la BCE avait laissé entendre qu'un effort supplémentaire de mutualisation des dettes et d'intégration politique pourrait avoir pour contrepartie implicite un engagement redoublé de la BCE sur les marchés de la dette. Avec l'accord de juin, cette condition est remplie. Elle doit être tue car l'indépendance de la BCE est sacrosainte.

Un participant à la réunion confirme toutefois : « Nous avons profité de l'occasion pour ouvrir le champ à une action beaucoup plus résolue de Draghi et de la BCE, ce dont on avait besoin pour convaincre les marchés qui ne trouvaient pas les opérations antérieures très convaincantes. Or pour que Draghi puisse ouvrir les vannes de la BCE et le vendre au Conseil des gouverneurs[6], il fallait qu'il ait la garantie des États membres et que les souverains soient impliqués aussi. »

En septembre, la BCE lance un nouveau programme de rachat « illimité » d'obligations sur le marché secondaire, l'OMT[7]. Elle se met pour la première fois en situation d'intervenir comme prêteur en dernier ressort à l'instar des autres banques centrales. À une condition : que le coussin de sécurité financé par les trésors de la zone euro soit mobilisé en premier et que le pays bénéficiaire de cette intervention consente à se placer sous la tutelle de ses pairs.

La montée en puissance de la BCE a déplacé l'antagonisme entre les partisans et les adversaires d'une plus grande solidarité au sein de la zone euro du parlement allemand au conseil des gouverneurs de la BCE. C'est une excellente nouvelle pour la chancelière qui, par définition, n'a pas à intervenir dans les débats entre banquiers centraux.

Lors de la réunion des gouverneurs où la décision de lancer l'OMT est prise, la seule voix discordante au sujet de ce nouveau programme est celle de son ancien conseiller et président de la Bundesbank Jens Weidmann.

L'Europe a changé de politique monétaire. Les marchés accueillent la nouvelle de ce tournant avec soulagement. Le calme revient pendant que l'irremplaçable Schäuble s'active pour mettre en musique l'union bancaire. À un an des élections fédérales, on ne pouvait imaginer de situation plus optimale.

Pendant ce nouvel épisode de la crise européenne, comme tout au long de son second mandat, Angela Merkel gouverne au centre. Elle est au centre. Elle est le centre. À la veille des élections fédérales de 2013, les portes de toutes les coalitions possibles lui sont ouvertes.

Les libéraux du FDP restent son allié naturel et préféré. Un nouveau contrat avec les sociaux-démocrates n'est pas improbable. Peer Steinbrück a été un partenaire efficace et loyal entre 2005 et 2009. Dans la course à la chancellerie, il est un adversaire maladroit, un anti-Merkel absolu. Il se montre arrogant, là où elle affiche sa modestie ; clame que le salaire de chancelier est trop faible et se fait payer des fortunes pour quelques heures de conférence, quand elle s'illustre par sa sobriété. À soixante-six ans, le truculent Hambourgeois résistera-t-il à ce qui pourrait être sa dernière chance de siéger dans un gouvernement fédéral, de surcroît comme vice-chancelier ?

L'alliance avec les Verts n'est plus impossible. Le principal obstacle à une alliance est tombé suite à l'accident de Fukushima avec la décision d'abandonner l'atome d'ici 2022. Le pays est revenu sur les rails où l'avait placé la coalition rouge-verte après 1998[8]. « La génération Fischer [du nom du leader historique des Verts, Joschka Fischer] n'est plus capable d'opérer un tournant […] cette décennie ne risque pas de voir les Verts faire cause commune avec la CDU[9] », déclarait Angela Merkel en 2005. C'était une autre décennie. Une autre génération aussi. Fischer est né en 1948. L'actuel président, Cem Özdemir, en 1965. Parmi les électeurs, la chancelière est presque aussi populaire que son concurrent social-démocrate. À la gauche de la gauche, dans l'électorat de Die Linke, enfin, elle l'emporte haut la main.

288

Sa mobilité déstabilise ses adversaires. Elle ignore les clivages politiques et s'en tient à son « compas chrétien », à une analyse pointue de la réalité et à l'obligation de dégager un compromis si possible au-delà de sa propre coalition. Moyennant quoi sa politique est changeante, comme sont changeantes ces bribes de vérité auxquelles se raccroche la science imparfaite de l'action publique. La pauvreté est-elle devenue un problème de masse en Allemagne, malgré le taux de chômage historiquement bas ? Elle a rallié son parti à l'idée d'un salaire minimum, effaçant un des rares points de divergence avec le SPD.

Son talon d'Achille reste son propre parti. Elle a certes été réélue présidente en décembre 2012 avec un score « cubain[10] » de 98 %. Mais à force de jouer le juste milieu contre les chapelles, à force d'écarter ses concurrents, elle a créé autour d'elle un désert. Ses fidèles se comptent sur les doigts des mains. En février 2013, elle a dû se séparer de son amie Annette Schavan, la ministre de l'Enseignement supérieur et de la Recherche qui s'est vu retirer sa thèse de doctorat par l'université de Düsseldorf. L'affaire, née d'une plainte anonyme pour plagiat, est devant la justice. Un départ, et les rangs des fidèles semblent dépeuplés.

Le fidèle Altmaier a dû délaisser son poste de secrétaire général de la coalition CDU/CSU au Bundestag pour reprendre en main d'urgence le portefeuille de l'Énergie après que le maladroit Norbert Röttgen eut été écarté en 2012. Thomas de Maizière a été appelé à la rescousse pour remplacer le ministre de la Défense Theodor zu Guttenberg (CSU), lui aussi tombé pour une affaire de plagiat, avéré cette fois. Chef de la chancellerie jusqu'en 2009, il n'a jamais vraiment été remplacé.

Elle n'a pas, comme ce fut le cas de Helmut Kohl, mis le parti en coupe réglée. Un monde la sépare de la vieille garde. Volker Kauder, le président du groupe CDU au Bundestag, est entré au parti en 1966 quand la future chancelière passait ses week-ends en randonnée avec ses camarades de la FDJ. Elle se contente de désarmer ses opposants. « Elle est très forte pour faire du *containment*, mais elle manque d'avocats », remarque-t-on à Berlin.

Sa force réside tout entière dans sa capacité à nouer un lien avec la base, par-dessus l'appareil du parti. C'est une machine à gagner... au niveau fédéral. Aucun politicien n'aime l'opposition. Mais le découplage entre sa popularité personnelle et les scores de la CDU inquiète. Les ministres présidents des Länder et leurs troupes souffrent : entre septembre 2009 et janvier 2013, le SPD a remporté neuf élections régionales contre cinq pour la CDU.

Son centrisme agace. Les conservateurs du « Cercle de Berlin » conspuent sa politique familiale. L'« aile économique » de la CDU, proche du *Mittelstand* (le milieu des PME), proteste contre ses projets de salaire minimum, contre la gestion de la crise de l'euro, contre la politique fiscale, et pourrait soutenir un retour aux affaires de Friedrich Merz, le concurrent déchu.

« Il n'y a pas de solution simple » est une de ses phrases préférées. Pas de solution simple, ni à la crise de la dette européenne, ni à l'équation énergétique, ni à la recherche sur les embryons. La vie est pleine de dilemmes. Sur ce fondement paradoxal, elle a instauré un règne de la raison qui n'est autre… que le sien ! Il n'y a pas de solution simple, mais, une fois pris en compte tous les paramètres, il n'y en a finalement qu'une : celle qu'elle propose. Et elle est « sans alternative ». *Alternativlos* est un de ses autres mots fétiches.

CONCLUSION

La crise a fait d'elle « la femme la plus puissante du monde » devant Hillary Clinton et Dilma Rousseff, selon le classement Forbes. Elle est aussi la plus détestée de l'Europe du Sud, où elle cristallise le ressentiment. En février 2013, un Italien sur quatre a donné sa voix à un comique troupier qui s'était fait le champion du *Merkel Bashing*. Les manifestants grecs ou espagnols, les électeurs de Beppe Grillo en Italie, tout comme Forbes, lui attribuent un rôle qu'elle ne veut pas tenir.

L'Europe n'a pas de centre. Elle a refusé de s'y placer autrement que pour faire de la politique allemande. Elle n'est pas chancelière de l'Europe. « Je crains moins le pouvoir de l'Allemagne que je ne commence à craindre son inactivité », avait dit le ministre des Affaires étrangères polonais Radek Sikorski dans son mémorable discours de Berlin[1].

La chancelière a hérité d'un système cassé dont elle a constaté, effarée, au fil des années, les failles béantes et les tabous tenaces. La Grèce n'aurait jamais dû pouvoir abandonner la drachme pour l'euro. L'Espagne et le Portugal ont vécu une décennie d'enrichissement artificiel. L'absence de budget européen et la violation des maigres règles budgétaires arrêtées en 1990 pendaient comme des épées de Damoclès au-dessus de la maison euro.

Finalement, la solution « sans alternative » dans la crise de la dette aura été celle sur laquelle personne n'aurait osé parier en 2008 : Berlin a consenti à placer la Banque centrale européenne aux commandes du système, entraînant par là même un virage sans précédent de la politique monétaire, au grand dam des gardiens de l'ordo-libéralisme et en rupture avec l'héritage de la République fédérale. Et le Bundestag a fini par devenir, par défaut, l'instance de contrôle budgétaire d'une bonne partie de l'Europe. C'est injuste. Mais qui d'autre ?

À coups de traités, elle voudrait réparer une architecture malade au lieu de continuer à construire sur du sable. Un tel plan ne se dessine pas en un ou deux ans. Et surtout pas seul. Or elle l'a été. Nicolas Sarkozy, tout en faisant preuve de compréhension, n'a pas réussi à esquisser avec elle les grandes lignes d'un plan ambitieux. Le référendum sur le traité constitutionnel de 2005 a essoré l'imagination européenne de Paris. François Hollande a fait campagne en 2012 sur un « mémorandum » de révision du traité budgétaire dont la première ligne n'a jamais été écrite. Le tour des rosiers du jardin de l'Élysée n'a pas suffi à établir entre le président et la chancelière, qui s'est toujours refusée à un dîner en tête à tête, cette entente profonde sur laquelle construire un compromis historique.

294

Réunis dans la cathédrale de Reims en 1952, Charles de Gaulle et Konrad Adenauer, tous deux catholiques pratiquants, avaient fait un geste spectaculaire de réconciliation, contre leurs opinions publiques respectives, en donnant à leur union une dimension sacrée. Cinquante ans plus tard, la luthérienne et le « non-croyant » sont unis surtout dans le souvenir. À Reims, lui avait tenu à ce que la célébration religieuse soit aussi courte que possible. Le lendemain, elle faisait envoyer à l'archevêque les œuvres complètes de J.S. Bach. Le président, des photos officielles.

En 2014, Angela Merkel aura passé vingt-quatre ans dans les arcanes de la politique, après en avoir consacré vingt à d'arides problèmes de physique. Elle n'est plus à proprement parler une débutante. Mais elle garde un parfum de nouveauté, à l'image de cette ville dans laquelle elle vit et qui s'est réinventée après 1989. Elle a réussi à passer pour « différente » dans un monde politique dont elle maîtrise les règles comme personne. Elle est finalement devenue *le* centre autour duquel gravitent les planètes partisanes. Début 2013, elle restait, de très loin, la candidate préférée des Allemands pour la chancellerie avec plus de 60 % d'opinions favorables contre 25 % pour Peer Steinbrück.

Elle séduit les modestes par sa modestie. Pour d'autres, elle incarne la *Bildungsbürgertum,* cette bourgeoisie cultivée dédaignant les vanités de ce monde. Pour tous les Allemands, elle symbolise la relégation de trente-huit ans de partition sur les étagères du passé.

Un jour, elle quittera la politique. Elle n'a pas hâte. Mais elle assure n'en avoir pas peur. Les femmes sont mieux armées que les hommes parce qu'elles gardent plus de liens avec la vie réelle, croit-elle savoir. Reste que sa vie « réelle » à elle s'est déroulée sur les champs de courses, à vouloir se dépasser et dépasser les autres. On l'imagine mal s'asseoir dans les tribunes pour assister au spectacle, rentrer dans le Brandebourg regarder pousser ses tomates ou se contenter de tendre ses mollets aux chiens errants pendant ses promenades à vélo. Elle ne retournera pas dans un laboratoire. Il y a peu de chances qu'elle prête son image, contre un gros chèque, à un fonds souverain moyen-oriental ou encore à un groupe gazier, comme le fit Gerhard Schröder. La montre qui brille à son poignet ne vaut pas cent euros. C'est une montre pour savoir l'heure. L'heure de partir n'a encore pas sonné.

NOTES

Notes de l'introduction, p. 9.

1. Gerd Langguth, *Angela Merkel, Biographie*, Deutscher Tagenbuch Verlag, 6ᵉ édition, 2010, p. 434.

Partie 1
GRANDIR EN RDA

Notes du chapitre 1,
« De l'autre côté du Mur », p. 17.

1. « Merkels Liebe zu Polen. Es gibt keine Eier », *Spiegel Online*, 15 mars 2013.
2. Maxim Leo, *Histoire d'un Allemand de l'Est*, Actes Sud, 2010, p. 23.
3. Evelyn Roll, *Die Kanzlerin, Angela Merkels Weg zur Macht*, Ullstein, 2009, p. 17.
4. *Frankfurter Allgemeine Zeitung*, 28 mai 2005.
5. Langguth, *op. cit.*, p. 20.
6. Roll, *op. cit.*, p. 17.
7. Hugo Müller-Vogg, *Angela Merkel, À ma façon*, L'Archipel, 2006, p. 44.
8. Langguth, *op. cit.*, pp. 19-20.
9. *Ibid.*, p. 19.
10. Müller-Vogg, *op. cit.*, p. 38.

11. *Ibid.*, p. 42.

12. *Ibid.*, p. 46.

13. Roll, *op. cit.*, p. 15.

14. Langguth, *op. cit.*, pp. 403 et s.

15. Le Mur ne viendra pas à bout de l'émigration même si elle la rend plus difficile et dangereuse. La RDA perd 9 % de sa population entre 1949 et 1969. 1,8 million d'Allemands de l'Est quittent le pays.

16. Müller-Vogg, *op. cit.*, p. 42.

Notes du chapitre 2,
« Premières ambitions », p. 31.

1. Müller-Vogg, *op. cit.*, p. 39.

2. La branche ouest-allemande de la FDJ sera interdite et dissoute en 1951 car considérée comme « contraire à la constitution ».

3. Les élèves étaient notés de 1 (meilleure note) à 5 (plus mauvaise note).

4. Sur la chaîne ZDF, le 20 juin 1992, cité par Langguth, p. 52.

5. Leo, *op. cit.*, p. 245.

6. Müller Vogg, *op. cit.*, p. 43.

7. *Ibid.*, p. 41.

8. Article publié dans le journal *Die Kirche*, cité in Roll, *op. cit.*, p. 22.

9. Müller-Vogg, *op. cit.*, p. 44.

10. Dans son récit de famille, Maxim Leo raconte la fabrique de cette désinformation à travers le récit de sa mère qui est alors jeune journaliste à l'agence de presse est-allemande. Pp. 42-43.

11. Langguth, *op. cit.*, pp. 55-60.

12. Jeu de mots sur les initiales « CDU » qui sont aussi celles de la Christliche Demokratische Union, le grand parti de centre-droit ouest-allemand, dans lequel Angela Merkel

fera carrière. À l'Est, à l'époque, la CDU a l'image d'un parti catholique, de « coincés ».

13. Müller-Vogg, *op. cit.*, p. 49.
14. *Ibid.*, p. 47.
15. *Ibid.*, p. 49.

Partie 2
LA FILLE DE L'EST

Notes du chapitre 1,
« L'étudiante modèle », p. 47.

1. Müller-Vogg, p. 56.
2. *Ibid.*, p. 56.
3. *Ibid.*, p. 53.
4. *Ibid.*, p. 53.
5. *Ibid.*, p. 48.
6. *Ibid.*, p. 59.
7. Roll, *op. cit.*, p. 72.
8. *Ibid.*, p. 73.
9. *Ibid.*, p. 74.
10. *Ibid.*, p. 76.

Notes du chapitre 2,
« Premières années berlinoises », p. 55.

1. Roll, *op. cit.*, p. 83.
2. Müller-Vogg, *op. cit.*, p. 56.
3. *Ibid.*, p. 54.
4. La collection permanente de la Maison de l'histoire de la République fédérale à Bonn expose l'histoire du chimiste dissident.
5. Auteur-compositeur-interprète ouest-allemand parti s'installer en RDA par conviction communiste. Il fait carrière à l'Ouest et est finalement déchu de sa nationalité est-

allemande en 1976. Il est le beau-père de la chanteuse Nina Hagen.

6. Langguth, *op. cit.*, p. 111.

7. Roll, *op. cit.*, p. 63.

8. Éditions 10/18, traduction Clara Malraux.

9. Roll, *op. cit.*, p. 64.

10. *Ibid.*, p. 83.

11. Le titre original de sa thèse est : « Die Untersuchung des Mechanismus von Zerfallsreaktionen mit einfachem Bindungsbruch und Berechnung ihrer Geschwindigkeitskonstanten auf der Grundlage quantenchemischer und statistischer Methoden ».

12. Roll, *op. cit.*, p. 102.

13. Müller, *op. cit.*, p. 65.

14. *Ibid.*, p. 57.

15. Roll, *op. cit.*, p. 80-81.

16. *Ibid.*, p. 85.

17. Langguth, *op. cit.*, p. 119.

18. *Ibid.*, p. 110.

19. Müller-Vogg, *op. cit.*, p. 64.

Notes du chapitre 3, « Portrait à la chute du Mur », p. 69.

1. Müller-Vogg, p. 62.

2. *Ibid.*, p. 60.

3. *Ibid.*, p. 70.

4. *Ibid.*, p. 64.

5. *Ibid.*, p. 60.

6. *Ibid.*, p. 64.

7. Elle accompagnera Helmut Kohl en visite aux États-Unis dès l'été 1991.

8. Jean-Claude Picaper, *Angela Merkel, une chancelière à Berlin*, Éditions Jean-Claude Gawsewitch, p. 81.

Partie 3
LES ANNÉES D'APPRENTISSAGE

Notes du chapitre 1,
« Merkel-Maizière : destins croisés », p. 81.

1. Palace situé sur la Pariser Platz dans le centre de Berlin.
2. Grande avenue commerçante de Berlin-Ouest.
3. Müller-Vogg, *op. cit.*, p. 67-68.
4. Langguth, *op. cit.*, p. 133.
5. Müller-Vogg, *op. cit.*, p. 73.
6. *Ibid.*, p. 73.
7. Andreas Apelt, cité dans Langguth, *op. cit.*, p. 131.
8. Müller-Vogg, *op. cit.*, p. 72.
9. Langguth, *op. cit.*, p. 131.
10. Müller-Vogg, *op. cit.*, p. 72.
11. *Ibid.*, p. 74.
12. Jacqueline Boysen, *Angela Merkel, Eine Karriere*, Ullstein, 2005, p. 120.
13. *Ibid.*, p. 114.
14. Kupfergraben.
15. Müller-Vogg, *op. cit.*, p. 73.
16. Langguth, *op. cit.*, p. 158-159.
17. Le système électoral allemand combine deux votes : sur des candidats « directs » et sur des listes par parti. Angela Merkel est élue en tant que candidate directe.
18. Müller-Vogg, *op. cit.*, p. 79.
19. *Der Spiegel*, 38/1991, p. 34.

Notes du chapitre 2,
« Les dilemmes d'une débutante », p. 95.

1. *Der Spiegel*, 20/1991, p. 18.
2. Müller-Vogg, *op. cit.*, p. 84.

3. *Ibid.*, p. 83.
4. *Ibid.*, p. 83.
5. Décision du 28 mai 1993.
6. *Backlash :* The Undeclared War Against American Women paraît en allemand en 1993 sous le titre « Die Männer schlagen zurück ».
7. « Der Marsch zur Macht », *Emma*, mai/juin 1993.
8. *Der Spiegel*, 48/1993, p. 49.
9. *Ibid.*

Notes du chapitre 3,
« La mécanique du pouvoir », p. 107.

1. Il s'agit d'un secrétaire d'État fonctionnaire et non parlementaire, équivalent d'un directeur général dans l'administration française.
2. *Der Spiegel*, 18/1995, p. 18.
3. *Ibid.*, p. 20.
4. « Die Büchse des Vertrauens », *Die Zeit*, 28 mai 1998.
5. *Der Spiegel*, 22/1998, p. 24.
6. Müller-Vogg, *op. cit.*, p. 92.
7. *Ibid.*, p. 92.

Partie 4
PRÉSIDENTE

Notes du chapitre 1,
« L'héritière "intranquille" », p. 121.

1. Gerhard Schröder posa même pour des publicités de la marque de costumes de luxe italienne.
2. Date prévue pour le lancement de la monnaie unique dans le traité de Maastricht.
3. Langguth, *op. cit.*, p. 200.
4. Müller-Vogg, *op. cit.*, p. 93.

5. Entretien avec l'auteur.
6. Müller-Vogg, *op. cit.*, p. 94.

Notes du chapitre 2,
« Le coup de maître », p. 131.

1. « Die von Helmut Kohl eingeräumten Vorgänge haben der Partei Schaden zugefügt », Angela Merkel, *Frankfurter Allgemeine Zeitung.*
2. Langguth, *op. cit.*, p. 208.
3. Müller-Vogg, *op. cit.*, p. 95.
4. *Die Zeit*, 23 décembre 2009.
5. Müller-Vogg, *op. cit.*, p. 95.
6. « Die Partei schweigt », 29 décembre 1999.
7. Müller-Vogg, *op. cit.*, p. 97.
8. Langguth, *op. cit.*, p. 210.
9. *Die Zeit*, 29 décembre 1999.
10. Langguth, *op. cit.*, p. 208.
11. Müller-Vogg, *op. cit.*, p. 97.

Notes du chapitre 3,
« Étrangère en son propre parti », p. 141.

1. Müller-Vogg, *op. cit.*, p. 98.
2. *Ibid.*, p. 97-98.
3. *Der Spiegel*, 11 janvier 2002.
4. Cité par Langguth, *op. cit.*, p. 222.
5. Cité par Langguth, *op. cit.*, p. 224.
6. Langguth, *op. cit.*, p. 224.
7. Cité dans Roll, *op. cit.*, p. 253-254.
8. Müller-Vogg, *op. cit.*, p. 100.
9. Dpa, cité dans Langguth, *op. cit.*, p. 231.
10. « K-Frage », autrement dit « Question Chancelier », selon l'expression répandue dans la presse.
11. Langguth, *op. cit.*, p. 238.

Notes du chapitre 4,
« Des idées et des hommes », p. 151.

1. Voir sur ce sujet l'excellent ouvrage de Serge Milano, *Allemagne. La fin d'un modèle*, Aubier, 1996.
2. *Die Welt*, 11 novembre 2002.
3. « Der Männerbund », *Der Spiegel*, 27/2003.
4. À l'époque, les élections fédérales sont prévues pour 2006. Elles seront avancées d'un an à l'initiative du chancelier Schröder.
5. Langguth, *op. cit.*, p. 265.
6. *Ibid.*, p. 263.
7. Bunte, 24 avril 2004, cité par Langguth, p. 264.
8. Langguth, *op. cit.*, pp. 263 s.

Notes du chapitre 5,
« La montée à l'Europe », p. 163.

1. Utilisé ici dans le sens général d'une politique allemande « déviant » du reste des nations occidentales.
2. Discours à l'invitation de l'Aspen Institute Deutschland, 19 février 2003.
3. « The US will fight, the UN will feed and the EU will fund. »
4. Alliance pour le travail.
5. Langguth, *op. cit.*, p. 304.
6. « Gipfel-Stürme. Die Autobiographie », p. 336.

Partie 5
AUX COMMANDES

Notes du chapitre 1,
« La prudence incarnée », p. 179.

1. Roll, *op. cit.*, p. 354.
2. Le parti des Verts a longtemps été divisé entre *Fundis*, plus radicaux, et *Realos*, réputés plus prompts aux compromis.
3. Langguth, *op. cit.*, p. 348.
4. La *Kabinettssitzung*, ou « réunion de cabinet », est un faux ami. Le terme désigne le Conseil des ministres, et non la réunion des membres du cabinet au sens français, qui n'existe pas en Allemagne sur le modèle de ce que l'on connaît en France.
5. Müller-Vogg, *op. cit.*, p. 108.
6. « Ich, Merkel », 26/2009.
7. *Der Tagesspiegel*, 22 décembre 2003.
8. « Merkels Schatten », *Die Stern*, 5 mars 2007.
9. Organisation de jeunes de la CDU forte à l'époque d'environ 180 000 membres.
10. Il est devenu en 2012 directeur des affaires publiques du groupe automobile Volkswagen.
11. *Financial Times Deutschland*, 20 novembre 2005.
12. Roll, *op. cit.*, p. 373.
13. « C'est un pistolet dans ta poche ou tu es juste content de me voir ? » Réplique à Cary Grant dans le film *She Done Him Wrong*, 1933.

Notes du chapitre 2,
« La résurrection du traité constitutionnel », p. 197.

1. Commissaire européen allemand (SPD) de 2004 à 2010.

2. Cette règle prévoit que la majorité qualifiée au Conseil des ministres, qui est la règle de vote habituelle pour l'adoption des législations, ne pourra être atteinte que si elle représente au moins 55 % des États de l'Union et 65 % de la population européenne. En réalité, le traité de Nice instaurait déjà un tel système mais plus confus et moins favorable à l'Allemagne.

3. En 2001, le traité de Nice entre en vigueur, instaurant un nouvel équilibre des forces notamment entre la France et l'Allemagne. Mais « Nice » est mal ficelé et ne prépare pas l'Union aux élargissements qui vont faire passer le nombre de ses membres de quinze à vingt-sept entre 2004 et 2007. D'où la décision, prise au Conseil européen de Laeken, en décembre 2001, moins d'un an après l'entrée en vigueur de « Nice », de lancer la Convention sur l'avenir de l'Europe qui devait accoucher en juin 2003 d'un nouveau traité de Rome.

4. Discours du 9 mai 2006.

5. Berlin est aussi en contact avec la candidate socialiste Ségolène Royal qui propose le 17 janvier un nouveau référendum sur un traité constitutionnel complété par un « volet social ». C'est un repoussoir pour les Allemands qui veulent tout le traité, rien que le traité et surtout pas de social qui les mettrait en délicatesse avec leur tribunal constitutionnel.

6. La grande avenue centrale de Berlin, qui aboutit à la porte de Brandebourg et se situait dans la partie est de la ville pendant la guerre froide.

7. Réunions en comité réduit autour de la présidence.

Notes du chapitre 3, « Le gouffre financier », p. 209.

1. Notice Wikipedia de Benoît Mandelbrot.

2. *Une approche fractale des marchés. Risque, perdre et gagner*, Odile Jacob, 2004. Une version allemande de son ouvrage classique de vulgarisation a été publiée début 2007 sous le titre *Fraktale und Finanzen: Märkte zwischen Risiko, Rendite*

und Ruin, Piper, 2007. Mandelbrot étant une célébrité dans le milieu académique, on peut supposer qu'il lui avait été recommandé dans les cercles universitaires qu'elle fréquente, à titre privé, avec son époux.

3. Mandelbrot, p. 23.

4. *F.I.A.S.C.O.: Blood in the Water on Wall Street*, Frank Partnoy, W.W. Norton & Company, 1997.

5. Son « assainissement » préalable à sa vente, en 2010, pour une bouchée de pain, à un fonds d'investissement engloutira plus de dix milliards d'argent public.

6. Retraits massifs de leurs liquidités par un très grand nombre d'épargnants entraînant des faillites bancaires en chaîne.

Notes du chapitre 4,
« "Mutti" Merkel », p. 223.

1. tagesschau.de, site du réseau de radios publiques ARD, 28 octobre 2009.

2. Jean-Paul Picaper, *Angela Merkel. La femme la plus puissante du monde*, Jean-Claude Gawsewitch Éditeur, 2010, p. 179.

3. « CDU-Parteitag Flucht vor der Verantwortung », *Die Zeit*, 4 décembre 2007.

4. *Stern*, 3 décembre 2007.

5. Interview au magazine *Cicerio*, cité dans Picaper 2010, p. 177.

6. Entretien avec l'auteur, 2012.

Partie 6
L'OPÉRATRICE OU « MERKIAVEL » À BRUXELLES

Notes du chapitre 1,
« La défiance », p. 233.

1. La Suède a conservé sa monnaie. Elle n'appartient pas à la zone euro.

2. Le pays a été en cessation de paiement une année sur deux depuis son indépendance en 1830. Voir *This Time is Different. Eight Centuries of Financial Folly*, Carmen M. Reinhart & Kenneth S. Rogoff, Princeton University Press, p. 99.

3. Article 136 du traité sur le fonctionnement de l'Union européenne qui interdit tout soutien budgétaire à un pays de la zone euro et sera amendé par la suite pour rendre possible un tel soutien en cas d'extrême urgence et si la stabilité de la zone euro est en cause.

4. *Bild Zeitung*, 27 octobre 2010.

5. Notamment dans le discours du 26 octobre 2011.

6. Discours devant le Bundestag, 26 octobre 2011.

Notes du chapitre 2,
« Le Bundestag, "nombril du monde" », p. 245.

1. « Angela Merkel, nouveau Machiavel », *Le Monde*, 12 novembre 2012.

2. Amendement à l'article 136 du traité sur le fonctionnement de l'Union européenne adopté fin 2010 à la demande de Berlin.

3. Chaque pays prête pour un montant donné et prend donc sur lui la totalité (ou presque) du risque pour sa participation.

4. Le texte est adopté par 327 voix sur 622.

5. Troubled Asset Relief Programm.

6. Participation maximale de la République fédérale.

7. Special Purpose Vehicle.

8. Ce fonds à statut privé installé à Luxembourg est rebaptisé European Financial Stability Facility (EFSF). Son volume est fixé à 440 milliards, ce qui permet, en y ajoutant les 60 milliards initiaux de fonds communautaires, d'atteindre un parefeu de 500 milliards, auxquels s'ajoute la manne promise par le FMI.

9. L'argument est que, si les écarts de taux entre pays sont trop importants, alors la politique de taux de la BCE elle-même n'a plus d'impact sur le coût de financement des opérateurs et est donc inefficace. La BCE est alors fondée à intervenir pour réduire les *spreads* entre souverains.

10. Discours devant le Bundestag.

Notes du chapitre 3,
« Chronique d'une faillite annoncée », p. 261.

1. Ces efforts pour limiter la portée du PSI se lisent en filigrane de la déclaration qui fixe l'échéance d'une éventuelle participation des investisseurs privés aux pertes après 2013 et tente de l'encadrer.

2. Titres de dette émis avec la garantie de l'ensemble des pays de la zone euro, notamment et particulièrement la garantie de l'Allemagne.

3. « La Germania dietro le apparenze », *Italiani Europei*, 8/2012, septembre 2012.

Notes du chapitre 4,
« La "créditocratie" », p. 275.

1. Discours prononcé à l'occasion de l'ouverture de la 61e année académique du Collège d'Europe.

2. *The Guardian*, 9 décembre 2011.

3. Outre le Royaume-Uni, la République tchèque ne signera pas le traité en mars 2012.

4. Les euro-obligations sont des obligations souveraines – donc des titres de dette publique – qui seraient gagées sur l'ensemble des pays de la zone euro, ce qui fait que chaque pays garantissant la différence de risque (donc de taux) entre pays disparaît.

5. Blog « Les coulisses de Bruxelles », 30 juin 2012.

6. Organe décisionnaire de la BCE qui réunit les gouverneurs des banques centrales des pays membres de l'union monétaire.

7. Outright Monetary Transactions.

8. Les deux plans de sortie du nucléaire qui prévoient un arrêt échelonné des centrales sont très proches. Voir « Alles bleibt anders », *Süddeutsche Zeitung*, 30 mai 2011.

9. Müller-Vogg, *op. cit.*, p. 143.

10. Le mot est du président de la CSU, Horst Seehofer.

Notes de la conclusion, p. 293.

1. Discours du 28 novembre 2011. http://pl2011.eu/en/content/minister-radoslaw-sikorski-visit-berlin

CHRONOLOGIE

1954-1989

1954   17 juillet : Naissance à Hambourg d'Angela Dorothea Kasner, fille aînée de Horst Kasner (né Kazmierczak) et Herlind Kasner. Déménagement à Quizow, en République démocratique allemande (RDA).

1957   Départ pour Templin (RDA) où son père Horst prend la direction du Waldhof, une institution protestante. Son frère Marcus et sa sœur Irène naissent respectivement en 1957 et 1964.

1968   Membre de la FDJ, l'organisation de jeunesse du parti communiste.

1973-1978   Après le bac, études supérieures à Leipzig (Saxe), à la faculté de physique de l'université Karl-Marx.

1977   Mariage avec Ulrich Merkel.

1978   Départ pour Berlin. Assistante à l'Institut central de physique-chimie de l'Académie des sciences à Adlershof.

1981   Séparation d'avec Ulrich Merkel. Par la suite, rencontre avec Joachim Sauer, chercheur à Adlershof, qu'elle épousera en 1998.

311

1986	8 janvier : Soutenance de thèse de doctorat sur le craquage du gaz naturel à très haute température appuyé sur des méthodes quantiques et statistiques. Mention « très bien » (*magna cum laude*).
1989	9 novembre : chute du Mur de Berlin.
	décembre : Entrée au Renouveau démocratique, petit parti est-allemand. Elle devient porte-parole de son président Wolfgang Schnur qui doit démissionner peu avant les élections de mars 1990 suite à la révélation de ses liens passés avec la Stasi.

1990-1999

1990	18 mars : Victoire de la CDU aux premières élections libres de RDA. Elle devient porte-parole adjointe du gouvernement Maizière.
	1er octobre : Rencontre avec Helmut Kohl au congrès de la CDU à Hambourg. Il la soutient pour être candidate aux élections fédérales de décembre.
	3 octobre : Réunification allemande. Disparition de la RDA.
	2 décembre : Élection au Bundestag dans la circonscription de Stralsund, sur la côte baltique avec 48,5 % des voix.
1991	18 janvier : Ministre des Femmes et de la Jeunesse au sein du gouvernement Kohl (coalition CDU-FDP).

26 juin : Vote de la loi réformant l'avortement. Elle s'abstient.

15 décembre : Vice-présidente de la CDU. Elle succède à Lothar de Maizière, qui a démissionné à la suite de révélations sur ses liens avec le régime est-allemand.

1993   juin : Présidente de la fédération de la CDU de Mecklembourg-Vorpommern où elle succède à Günther Krause qui sera condamné pour fraude et évasion fiscale.

1994   Réélection au Bundestag avec 48,6 % des voix. Ministre de l'Environnement, de la Protection de la nature et de la Sécurité nucléaire dans le nouveau gouvernement de Helmut Kohl.

1998   1er mai : Déclenchement de l'affaire des « Castor », des containers de déchets nucléaires ayant circulé entre l'Allemagne et la France avec un taux de radioactivité anormalement élevé.

7 novembre : Défaite de la CDU aux élections fédérales. Helmut Kohl quitte la présidence du parti. Wolfgang Schäuble lui succède. Elle devient secrétaire générale. La CDU est éclaboussée par l'affaire des dons et des caisses noires (affaire des « Spende ») mise au jour par la justice.

1999-2005

1999   22 décembre : Lettre ouverte de la secrétaire générale publiée dans la *Frankfurter Allgemeine Zeitung* où elle appelle à rompre avec l'ère Kohl.

2000   10 avril : Élue présidente du parti après la démission, en janvier, de Wolfgang Schäuble, lui-même rattrapé par l'affaire des « Spende ».

2002   1ᵉʳ janvier : Elle fait désigner Edmund Stoiber, président de l'Union sociale-chrétienne bavaroise (CSU), candidat de la CDU/CSU aux élections fédérales.

22 septembre : Défaite de la CDU/CSU face au SPD. Le social-démocrate Gerhard Schröder constitue un parti de coalition avec les Verts.

24 septembre : Élection à la présidence du groupe CDU/CSU au Bundestag à la place de Friedrich Merz, poste qu'elle cumule avec la présidence du parti.

2005   28 août : Désignée candidate de la CDU/CSU en août, elle gagne de justesse les élections fédérales (avec 35 % de voix) et doit constituer une grande coalition avec les sociaux-démocrates pour gouverner.

2005-2013

2005   22 novembre : Élue chancelière par le Bundestag par 397 voix sur 611. À cinquante et un ans, elle devient la plus jeune et la première femme de l'histoire allemande à occuper ce poste.

2007   1ᵉʳ janvier : Présidence allemande du G7 et de l'Union européenne. Elle entreprend de débloquer l'adoption du traité constitutionnel en négociant une version simplifiée signée en décembre 2007 à Lisbonne.

2008   17 octobre : Création du Fonds de stabilisation de marché financier (SoFFin) destinée à soutenir les banques allemandes frappées par la crise des *subprimes*.

5 novembre : Adoption d'un premier paquet de mesures de soutien à l'économie pour contrer l'effet dépressif de la crise. Un second est adopté le 12 janvier 1999.

2009   27 septembre : Victoire de la CDU aux élections fédérales. Elle est réélue dans sa circonscription avec 49,3 % des voix.

28 octobre : Réélue chancelière par le Bundestag par 323 voix sur 612. Formation d'un gouvernement de coalition avec les Libéraux (FDP).

2010   7 mai : Vote du premier plan d'aide à la Grèce par le Bundestag (327 voix sur 622).

2011   23 mars : Vote de la loi supprimant le service militaire par le Bundestag. L'Allemagne passe à l'armée de métier.

6 juin : Adoption par le gouvernement d'un projet de loi sur la sortie du nucléaire. Après l'accident de Fukushima du 11 mars 2011, la chancelière a opéré un virage à 180 degrés. La loi est votée le 30 juin par le Bundestag.

7 septembre : Décision du Tribunal constitutionnel (Karlsruhe) sur les garanties accordées par l'Allemagne dans le cadre du Fonds de stabilité européen.

29 septembre : Adoption de la réforme du Fonds de stabilité européen par le Bundestag (523 voix sur 620).

2012   27 février : Adoption du deuxième plan
grec par le Bundestag (496 voix sur 620).

3 décembre : Réélection à la présidence de
la CDU avec un « score cubain » de 98 %
des délégués

BIBLIOGRAPHIE INDICATIVE

Jacqueline Boysen, *Angela Merkel Eine Karriere*, Ullstein, 2005.

Gerd Langguth, *Angela Merkel, Biografie*, Deutscher Taschenbuch Verlag, 2010, 6ᵉ édition.

Maxim Leo, *Histoire d'un Allemand de l'Est*, Actes Sud, 2010, traduit par Olivier Mannoni.

Hugo Müller-Vogg, *Angela Merkel. À ma façon*, L'Archipel, 2006, traduit par Véronique Médard.

Jean-Paul Picaper, *Angela Merkel. Une chancelière à Berlin*, Jean-Claude Gawsewitch Éditeur, 2005.

Jean-Paul Picaper, *Angela Merkel, la femme la plus puissante du monde*, Jean-Claude Gawsewitch Éditeur, 2010.

Heinrich von Pierer, *Gipfel-Stürme, die Autobiographie*, Econ (Ullstein), 2011.

Evelyn Roll, *Die Kanzlerin, Angela Merkels Weg zur Macht*, Ullstein, 2009.

REMERCIEMENTS

Je remercie mes nombreux interlocuteurs pour leur disponibilité, leur confiance et l'aide inestimable qu'ils m'ont apportée pour approcher au plus près la réalité du pouvoir. Parmi eux Jörg Asmussen, Michel Barnier, Jacques Barrot, Joachim Bitterlich, Pierre de Boissieu, Elmar Brok, Franziskus van Daele, Joseph Daul, Philippe Étienne, Ramon Fernandez, Thomas Klau, Alain Lamassoure, Norbert Lammert, Bruno Lemaire, Peter Ludlow, Lothar de Maizière, Xavier Musca, Jean-Claude Piris, Steffen Seibert, Jean-Claude Trichet.

Katrin Stötzel, Silke Voigt, Marius Bannefeld et Hélène Collet ont fait preuve d'un grand professionnalisme et de beaucoup de diligence dans leur aide à la documentation et à la transcription des entretiens. Je les en remercie.

Enfin, ce livre ne serait pas sans les fermes encouragements de mon éditrice Dominique Missika, le soutien indéfectible de mon époux Pascal Garel, l'affection et la patience de ceux qui me sont chers. Qu'ils en soient tous remerciés.

Dépôt légal : mai 2013
ISBN : 979-10-210-0097-1
Numéro d'édition : 3604
Imprimé en Italie